Une Parisienne à Saint-Zénon

Catalogage avant publication de Bibliothèque et Archives nationales du Québec
et Bibliothèque et Archives Canada

Chabert, Joëlle, 1946-
    Une Parisienne à Saint-Zénon
    ISBN 978-2-89579-295-6

    1. Français - Québec (Province) - Saint-Zénon. 2. Immigrants - Intégration -
Québec (Province) - Saint-Zénon. 3. Saint-Zénon (Québec) - Mœurs et coutumes.
4. Chabert, Joëlle, 1946-   . I. Titre.
FC2950.F8C42 2010   971.4'41800441   C2009-942717-6

Dépôt légal – Bibliothèque et Archives nationales du Québec, 2010
Bibliothèque et Archives Canada, 2010

Direction, Groupe d'édition et de presse : Jean-François Bouchard
Direction éditoriale : Yvon Métras
Révision : Thomas Campbell
Mise en pages et couverture : Barbara Lapointe
Illustrations : Jacques Goldstyn

© Bayard Canada Livres inc. 2010

Nous reconnaissons l'aide financière du gouvernement du Canada par l'entremise du
Programme d'aide au développement de l'industrie de l'édition (PADIÉ) pour nos activités
d'édition.

**Conseil des Arts   Canada Council
du Canada   for the Arts**

Bayard Canada Livres inc. remercie le Conseil des Arts du Canada du soutien accordé à son
programme d'édition dans le cadre du Programme des subventions globales aux éditeurs.

Cet ouvrage a été publié avec le soutien de la SODEC. Gouvernement du Québec –
Programme de crédit d'impôt pour l'édition de livres – Gestion SODEC.

Bayard Canada Livres
4475, rue Frontenac, Montréal (Québec) H2H 2S2
Téléphone : 514 844-2111 – 1 866 844-2111
edition@bayardcanada.com
www.bayardlivres.ca

Imprimé au Canada

Offert en version numérique
978-2-89579-825-5
www.bayardlivres.ca
numérique

Joëlle Chabert

Une Parisienne à Saint-Zénon

Bayard
CANADA

Préface

Quoi de plus plaisant pour une région que de sentir qu'elle est habitée par des citoyens passionnés, engagés et motivés par le désir de la rendre encore plus belle et accueillante ? De Terrebonne à la Manawan, de Saint-Donat à Berthierville, Connexion-Lanaudière s'efforce de soutenir les initiatives qui nous rendent tous fiers d'être Lanaudois.

C'est donc un grand honneur pour moi de voir aujourd'hui se concrétiser ce projet de madame Joëlle Chabert de publier un livre contenant toutes ses chroniques intitulées *De Paris à Saint-Zénon*. Cette aventure a commencé simplement, grâce à un courriel envoyé par Joëlle à Connexion-Lanaudière pour féliciter l'initiative du Portail régional de Lanaudière (www.connexion-lanaudiere.ca), qui permet aux internautes de découvrir la région et ses ressources. À la suite de ce message, dans lequel madame Chabert révélait qu'elle était journaliste, c'est tout naturellement que s'est installée une complicité entre elle et moi. Dès lors, Joëlle Chabert a accepté d'écrire, pour notre grand bonheur à tous, les chroniques de son intégration à cette petite communauté québécoise qu'est Saint-Zénon.

Ainsi, depuis 2006, le début de chaque mois annonce l'arrivée d'une nouvelle chronique attendue par nombre de lecteurs assidus sur le Portail régional de Lanaudière. Le regard de celle qui partage son temps entre l'une des plus grandes métropoles du monde et une petite ville nichée dans les montagnes entre les arbres est évocateur. Au fil des chroniques, au fil des mois, on peut lire le changement, on sent cette nature s'emparer de la citadine, l'attachement envers la terre d'accueil grandir. Joëlle Chabert crée un pont entre la France et le Québec, entre la Ville lumière et les Sept-Chutes.

Déjà connues en France et dans Lanaudière en version Internet, les chroniques *De Paris à Saint-Zénon* prennent un nouveau départ en librairie. Aujourd'hui réunis sous une même couverture, les textes de Joëlle Chabert représentent un pas de plus dans le partage culturel si cher à Connexion-Lanaudière depuis ses débuts.

Pascale Lapointe-Manseau
Directrice générale, Connexion-Lanaudière

Introduction

Depuis dix ans, notre couple, Français de France, s'est installé
en Lanaudière, une région mal connue du centre du Québec qui
s'allonge du Saint-Laurent au sud aux montagnes laurentiennes au
nord, s'étale des Laurentides à l'ouest à la Mauricie à l'est et dont
la « capitale » est Joliette.

Installé ? Pas tout à fait ! Nous vivons la moitié de l'année en
banlieue parisienne, mais séjournons tout autant, chaque saison,
à Saint-Zénon, un village de Haute-Matawinie, réputé le plus élevé
du Québec.

Nous avons acquis là une petite école de rang, une de ces petites
écoles élémentaires à classe unique que fréquentaient filles et
garçons du voisinage, trop éloignés du centre du village pour aller
y étudier chaque jour. Avant la rénovation du système scolaire et la
mise en place du ramassage des écoliers dans la première moitié de
la décennie 1960, « notre » petite école a donc vu passer plusieurs
générations. La plupart de nos voisins, leurs parents et leurs enfants
ont usé leurs fonds de culotte et alimenté leurs cervelles dans ce
qui est aujourd'hui notre maison avec sa grande salle de classe, la
chambre de la maîtresse logée sur place, le dortoir pour les jours
où grésil et tempête empêchaient les élèves les plus éloignés de
rentrer chez eux le soir venu (qui servait aussi de réserve de matériel)
et la remise attenante qui abritaient les chiens de traîneau chargés
d'amener et de ramener leurs jeunes maîtres.

Les Parisiens qui achètent une maison de campagne dans une région
de France, s'ils n'en sont pas originaires, n'y sont pas toujours reçus
avec chaleur. Bien des Français ressentent une certaine méfiance
face au réel ou supposé complexe de supériorité des habitants
de la capitale. À Saint-Zénon, les Parisiens que nous sommes ont
été accueillis à cœur large ouvert. La dernière institutrice joliment
prénommée Florette, un membre de la commission scolaire, les
anciens élèves, ont pris le temps de nous raconter leurs souvenirs.

Une fois ou l'autre ceux-ci se sont réinstallés à leurs anciennes places dans ce qui est devenu une salle à manger, les plus jeunes près du poêle, les «grands» près des fenêtres. Ils se sont chicanés comme autrefois lorsque l'un tirait les tresses de sa voisine, l'autre traitait une petite fille rousse de Poil de Carotte, un troisième, peu pressé d'arriver en classe, entraînait un copain à se cacher derrière un banc de neige jusqu'à souffrir tant du froid qu'ils réintégraient les locaux, penauds et punis… Ils ont relaté les parties de pêche l'été, les leçons de lecture, de calcul ou de catéchisme, rapporté comment les plus petits grimpaient sur une bûche pour atteindre le tableau noir et les plus grands, à peine plus jeunes que l'institutrice, craignaient le passage de l'inspecteur, des commissaires et du curé. Certains se sont même remémoré avec délices leurs journées d'école buissonnière. Les anciens élèves nous ont offert qui un ancien bureau, qui une carte murale ou un vieux cahier, mais nous ont interdit de changer les bardeaux, pourtant bien amochés, sur lesquels ils avaient gravé leurs initiales à la lame de couteau en cachette de l'institutrice.

Ces rencontres scolaires ont amplement facilité notre intégration. Puis notre réseau de connaissances s'est élargi. Au fil des années et des amitiés nouées, nous nous sentons désormais un peu Zénoniens.

Pourtant, nous nous savons des étrangers au village. Non pas que quiconque nous en fasse la remarque. Simplement, Parisiens et Zénoniens, c'est évident, Français et Québécois, c'est moins flagrant, mais tout aussi incontestable, nous ne sommes pas pareils.

«Chers cousins du Québec», répètent, avec un brin de condescendance souvent inconsciente, les fiers Français au passé pesant. «Maudits Français» répliquent les Québécois avec leur accent chantant. Voilà des propos communs qui sonnent désormais faux à nos oreilles! Tous les Français ne sont pas damnés ni exécrables, même les Parisiens. Et si Québécois et Français ont de sérieuses affinités, les branches de leur arbre généalogique ont divergé et leurs familles sont éloignées. Un océan les sépare. Ils n'habitent pas le même continent. Les cultures française et québécoise sont différentes, nos réactions, nos comportements, nos attitudes, nos habitudes sont distincts. Et c'est tant mieux, les échanges sont plus riches.

Il arrive qu'on soit plus proche d'un ami que d'un cousin ; il arrive que des étrangers nous fassent grandir autant que nos parents. Voilà ce que nous vivons, voilà ce que nous avons appris, à Saint-Zénon, en Lanaudière, au Québec.

Une Parisienne à Saint-Zénon raconte les différences, les étonnements, les efforts cocasses d'adaptation, les inaptitudes crasses, les bonnes surprises et les belles rencontres des « Parisiens de la petite école ».

Merci à ceux du rang. Alban et Annette. Les premiers, ils nous ont initiés. Merci à leurs enfants. Rolland et Micheline, nos voisins devenus des amis et leurs deux fils. Roch et Claire, ils ont raconté. Claude et Carole, sans lesquels nous ne pourrions accéder chez nous l'hiver. Alain et Lise, Norbert et Véronique, Guy et Nicole. Merci à ceux du village Donat et Lise pour leur amitié et leur sirop à nul autre pareil. Alain pour sa disponibilité. Julien, le fermier - commissaire-priseur de l'encan et Johanne, Yvon, Yves, Ghislain pour ses chants et Johanne pour ses conseils et ses hot dogs, Jean et Solange, Marcel et Denise… Et tous ceux que je ne peux nommer. Tous nous ont appris. Et merci à Lise G. qui, un jour de grande froidure où je remarquais « qu'à Paris, il fait doux et nous voilà ici, faut-il qu'on vous aime », m'a répondu : « Nous aussi, on vous aime. »

Il y a neige et neige

L'hiver à Paris, tout est gris. Il bruine, il brouillasse, il pleuviote. Il arrive qu'il neige un jour, trois jours, une semaine et c'est la gadoue partout. Les parcs sont fermés, le trafic routier est bloqué, les camions sont déviés. Les chauffeurs énervés klaxonnent. Les piétons emmitouflés grognent. Les Parisiens ont la mine et le moral grisailles, ils manquent de lumière. Les enfants, ravis, se lancent des boules de neige sales et construisent des bonshommes de neige qui s'effondrent une heure plus tard.

L'hiver à Saint-Zénon, tout est blanc. Les Parisiens diraient que la région est enneigée. Mais c'est bien plus compliqué : il y a la neige collante, la neige granulée, la glace en grains, la neige de sable, la neige sèche, la mouillée, la poudreuse, la poudrerie… On ne confond pas les neiges lourdes et les neiges légères. Et ce n'est pas avec n'importe laquelle que l'on construit un bonhomme de neige (sauf les Parisiens !). Quand on ne connaît que la neige fraîche et les neiges éternelles, on est à la fois englouti et ébahi par un tel déploiement de qualificatifs pour cette chose blanche et froide qu'il faut pelleter pour aller chercher les bûches sur le terrain. Car les Parisiens, précautionneux, en avaient bien entassé tout contre la maison… sans imaginer que la neige - on ignore laquelle - en glissant du toit et en gelant serait inatteignable !

L'hiver à Paris, le thermomètre, depuis plusieurs années, n'est pas descendu bien en deçà de 0 °C, –5 °C, voire –7 °C en banlieue, et l'on gèle dans de petites chaussures de ville ou de belles bottes perméables. Peu de gens portent un chapeau et la plupart du temps, on oublie ses gants.

À Saint-Zénon, entre – 15 °C, et – 30 °C, voire – 35 °C, les Parisiens sont un peu déguisés et bien empêtrés avec leurs bottes de neige sur trois paires de bas, leurs combinaisons de ski, leurs tuques sur leurs cagoules et leurs deux épaisseurs de mitaines. Mais skis ou raquettes aux pieds, dans le bois, ils bravent le froid, totalement incompris des amis restés à Paris. Ils traquent les traces de lièvres, de renards, de chevreuils, de lynx et d'écureuils. Ils écoutent le grand silence inouï. Mais, dès que la température remonte de 5 °C, ils ouvrent leur fermeture éclair.

L'hiver à Paris commence fin décembre, comme partout. En mars, perce-neiges, crocus, primevères et forsythias fleurissent parcs et jardins, résistant aux giboulées de grêle. Le printemps s'annonce.

À Saint-Zénon, il faut encore attendre deux mois avant de planter les oignons de tulipes. L'hiver nord-lanaudois est long, très long pour des Parisiens! Alors ils se réfugient dans leur ville, au chaud de la foule et du métro!

Il court, il court, le Parisien

Avril. L'équinoxe passé, Paris s'éveille d'un semblant d'hibernation. L'herbe a poussé sous les rails du tramway. Les saules pleureurs sortent leurs feuilles, les lilas reprennent vie. Entre deux giboulées, on aperçoit le bleu du ciel et il neige des pétales de fleurs tombées des arbres qui bordent les rues. L'atmosphère se réchauffe. Les SDF (sans domicile fixe) troquent la vente de journaux contre celle de bouquets de jonquilles. Les étudiants s'énervent. Les avenues s'emplissent de manifestants. La vie reprend.

Que font les Parisiens de Saint-Zénon? Ils courent. Lui, pour démarrer l'auto et passer le carrefour du bout de la rue avant 8 h, l'heure fatidique du début des bouchons, trouver à stationner près de la gare et sauter dans le TGV pour «gagner du temps sur le temps», comme l'annonce la publicité. Elle, pour ne pas louper le RER (métro du réseau express régional), vite parcourir l'entrelacs des couloirs souterrains, courir sur le trottoir roulant, encombré par ces étonnants étrangers qui, sages et immobiles, attendent tout bêtement que cette espèce de tapis roulant les transporte au bout du tunnel. Vite, sauter dans la rame bondée et là, coincée entre une dame maigre aux os saillants et un monsieur rondouillard qui va passer sa grippe à l'ensemble du wagon, vite s'évader, fermer les yeux et se retrouver à… Saint-Zénon!

Que font-ils là-bas? Des voisins ont envoyé une photo par courriel: la neige atteint le bas des châssis. Ils n'ont pas fini de pelleter! Est-ce le temps des sucres? Les Parisiens avaient promis d'en être cette année… Que se passe-t-il à la petite cabane à sucre, juste au-dessus du rang? L'eau d'érable coule-t-elle ? Si oui, l'activité doit battre son plein ; ça doit chauffer, bouillir, remplir les boîtes – non, les cannes –. La belle ouvrage. Et les bons plats entre amis !

Le lot de consolation des Parisiens, c'est de « se sucrer le bec » avec leurs voisins. Ils ouvrent la dernière boîte de l'an passé, arrosent les crêpes, préparent une mousse, quelques tartes au sucre… Un peu de douceurs dans ce monde de brutes.

Oui, mais à Paris, ce n'est pas le temps des sucres, c'est le temps des régimes ! Il ne reste que trois mois avant l'été. Maigrir pour être présentable en maillot. Manger sain pour avoir un corps sain… Les voisins se laissent quand même aller : le sirop, c'est bio et du bio, il n'y en a pas tant !

Et que croyez-vous qu'ils font pour « le faire passer » ?

Ils courent ! Jogging (comme on dit en France) le samedi, jogging le dimanche et c'est reparti…

Alors, si d'aventure, en Lanaudière, peut-être à Saint-Zénon, vous rencontrez un Parisien, une Parisienne qui galope, soyez indulgents… Ou invitez-les à placoter, ça les obligera à s'arrêter. Laissez-leur le temps. Deux ou trois jours et l'air de Lanaudière les auront remis d'aplomb !

PS : Devinette : Savez-vous à quoi les Français reconnaissent un Parisien ? Dans les escaliers mécaniques qui descendent, il court pour descendre plus vite.

Le dépanneur et le petit arabe du coin

Quand les Parisiens reviennent à Saint-Zénon (approximativement en même temps que les oies!), ils ont toujours oublié quelque chose.

Et de toute façon, il n'est pas question d'entamer un séjour sans un solide petit-déjeuner dès le lendemain matin de l'arrivée. Donc, avant de se mettre au lit, à la fin d'une journée d'environ 20 heures, il n'y a qu'une seule issue: le dépanneur du bout du rang où dénicher pain, beurre, yaourts et fruits de première urgence.

Désormais, au bout de quelques années, le dépanneur n'a plus de secret pour les Parisiens (pensent-ils!). Mais, au début…

Il n'y a pas de dépanneur à Paris. Il n'y a que des dépanneuses et ce ne sont pas des femmes dépanneures. Il s'agit de ces camions capables de soulever votre voiture en panne sur les autoroutes et le périphérique, de la charger et de la transporter jusqu'au garage le plus proche où un mécanicien, qui détient l'exclusivité du dépannage sur voies rapides, répare à très grands frais le petit truc qui vous a fait tomber dans ce mauvais pas.

En revanche, à Paris, on a «le petit arabe du coin». C'est en général un monsieur originaire d'Algérie, quelquefois du Maroc ou de Tunisie qui réussit à faire tenir dans une petite boutique l'équivalent des provisions d'un supermarché. Chez lui, on trouve tout, du saucisson pur porc, bien qu'il soit musulman, au désinfectant d'évier en passant par le shampoing, le stylo à bille ou les croquettes pour chat. Le «petit arabe du coin» est le premier levé dans le quartier pour s'approvisionner. Les lève-tôt y trouvent ce qu'ils veulent dès potron-minet. Les couche-tard y achètent leur frichti alors que tous les autres commerçants ont fermé depuis longtemps. Un seul ennui : les produits y sont tellement entassés qu'on a peur, en saisissant ce qu'on désire qu'une pyramide s'écroule. Mais « le petit arabe du coin », toujours aimable, ne demande pas mieux que de vous servir lui-même, ce qui lui évite bien des rangements.

Un soir de leur première année à Saint-Zénon, les Parisiens bricolaient des cadres pour photos. Quelque chose leur manquait. Ils ont filé chez le dépanneur et le dialogue de sourds a commencé :

Les Parisiens : « Nous voudrions du scotch. »
Le dépanneur : « Je ne vends pas d'alcool. »
Les Parisiens : « Nous ne voulons pas d'alcool, seulement du scotch. »
Le dépanneur, sûr de lui : « Le scotch, c'est de l'alcool ! »
Les Parisiens, déconcertés : « Non, c'est un truc pour coller. »
Le dépanneur : « Regardez si vous voyez ce que vous cherchez. »
Les Parisiens souriants : « Oui, voilà, c'est une autre marque, mais c'est la même chose. »
Le dépanneur : « Ah, c'est un rouleau de papier adhésif ! Bien sûr, j'en ai. »

Le soir même, les Parisiens se sont offert un verre de scotch et juré d'utiliser les mots justes : les débarbouillettes et pas les gants de toilette, virer plutôt que tourner, la cueillette des vidanges et pas le ramassage des ordures, la boucane, la buanderie… et ce n'est pas fini !

Maison de pierre, maison de bois

Tous les enfants français connaissent l'histoire des trois petits cochons, Naf-Naf, Nif-Nif et Nouf-Nouf, que leur maman envoie construire chacun une maison qui les protègera du grand méchant loup.

Le premier bâtit une maison de paille qui s'envole au premier souffle de la bête.

Le deuxième construit une maison de bois qui ne résiste pas davantage à sa furie. Mais le loup se heurte aux briques de la troisième maison sans pouvoir y pénétrer autrement que par la cheminée dont le foyer est occupé – dommage pour le loup! – par un chaudron empli d'eau bouillante qui le réceptionne.

À Paris, il n'y a pas de loup hors du zoo et… des entreprises où certains cadres ont les dents qui rayent le parquet. Pourtant, comme la plupart des maisons françaises, notre «pavillon» de banlieue est en pierre. Il est bâti de meulière, une roche calcaire siliceuse exploitée dans la région parisienne jusque dans les années 50 et utilisée jusqu'à la fin du XIXe siècle pour fabriquer des meules à grain, d'où son nom. Chaque bloc est caverneux, troué comme un gruyère et, dans les trous, on voit des empreintes d'escargots «préhistoriques» et des fossiles d'algues d'il y a environ 25 millions d'années. Ce n'est pas beau, mais on y tient: la maison porte l'histoire de la région!

Une maison en pierre, c'est humide et long à chauffer. Mais solide, ça résiste aux incendies, aux insectes et ça passe de génération en génération, chacun y apportant sa modification. La nôtre ne date que des diligences, mais d'autres ont trois ou quatre cents ans, parfois davantage.

À Saint-Zénon, les loups sont moins rares qu'on ne le pense. Et les ours aimaient soulever les bardeaux de notre maison de bois pour y dénicher des nids de guêpes… avant que nous ayons appris à les retirer les premiers. Dans le rang, il y a des camps de bois rond, des maisons de planches et quelques maisons de bardeaux, comme la nôtre «ancestrales» parce qu'elle a un peu plus de cent ans. Elle est précieuse dans les souvenirs du village. Alors, nous en prenons soin et nous y sommes si bien. Mais les Parisiens sont choqués quand ils entendent des gens annoncer qu'ils mettent leur trop vieille maison toute à terre pour en reconstruire une neuve. C'est sûr, les maisons en bois sont rapides à construire, mais quand elles passent au feu ou qu'elles sont abattues pour faire du neuf, les Parisiens pensent aux ponts romains qui traversent encore nombre de leurs cours d'eau, aux fermes moyenâgeuses qui émaillent leurs campagnes, aux cathédrales gothiques, aux églises de bois norvégiennes du XIIe siècle… Et ils ont mal au passé. Ils sont incorrigibles ces Français!

Maison de pierre? Maison de bois? Chanceux ces Parisiens qui ont les deux à la fois!

Connaissez-vous la dernière mode écologique? Histoire d'être proche de la nature et économe en énergie, elle est aux maisons de bois et de paille. Cochon qui s'en dédit!

À la pêche

En France, on trouve des pêcheurs sur les jetées des ports, les grèves, le long des étangs ou des rivières. Beaucoup de Français aiment la pêche. Mais pas ceux de Saint-Zénon!

Pour elle, la pêche est une morne distraction : des hommes, harnachés d'un équipement si important qu'ils doivent garder leur voiture à portée de main, s'assoient sur une glacière, plantent 2, 3, 5 cannes sur la berge d'une eau calme et fixent de longues heures un bouchon qui ne s'enfonce jamais, tandis que leurs épouses tricotent, feuillettent une revue ou bavardent avec leur homologue du pêcheur d'à côté.

Pour lui, le pêcheur est un danger public : celui qui, lançant sa gaule, accroche l'hameçon dans un arbre, grimpe sur une branche pour le détacher, la casse et en tombe lourdement. Celui qui, sur la plage, du même geste, perce le matelas pneumatique. Celui qui, ayant enfin attrapé un petit poisson, oblige ses enfants à s'en nourrir alors qu'il contient plus d'arêtes que de chair.

Du moins était-ce ainsi… avant Saint-Zénon!

La première expérience fut douloureuse. Un inconscient leur avait prêté son équipement : cannes de fibre de verre, moulinet japonais, mouches éblouissantes…

Et le brochet a mordu, le gros! Lui, remontait la bête. Elle s'est penchée avec l'épuisette. La chaloupe s'est renversée. Et les deux Parisiens se sont retrouvés à l'eau, le brochet enfui avec l'hameçon, la mouche et une bonne partie de la ligne.

La deuxième expérience fut tout aussi douloureuse…
pour l'ami qui a entrepris notre éducation! La ligne s'est
prise dans le moteur de la chaloupe et il a fallu une bonne
dose de patience et un long bout de temps pour la démêler
et repartir sans dégât!

Mais les Zénoniens ne se découragent pas, ni les Parisiens.

Été après été, parties de pêche après parties de pêche,
sans se vanter, les Parisiens ne sont plus si mauvais.
Brochets, truites arc-en-ciel, mouchetées, ils ont pogné
de tout. Ça ne marche pas à tous les coups : ayant ferré
une mouchetée, la Parisienne bombait le torse de fierté en
la découvrant à 3 ou 4 pieds de la chaloupe… Pourquoi
donc la truite n'est-elle jamais arrivée à bord ? Mais avec
des amis compatissants, sachant manier l'humour, leur
«savoir choisir un lac», leur petit sonar et leurs conseils,
les Parisiens ont pu offrir à leurs visiteurs Français ce qui,
chez nous, s'appelle des ombles des fontaines, un mets
rarissime.

La pêche ?

Pour elle, c'est une aventure. On s'y prépare. On roule
en pick-up sur une route de gravelle. On se rapproche
en quatre-roues. On affronte des nuages de maringouins
jusqu'à la chaloupe. On embarque et on s'amuse comme
des fous pendant des heures en lançant, relançant et
rerelançant une ligne au bout de laquelle on a souvent
la surprise de trouver… un poisson! Le tout avec de
bons amis.

Pour lui, c'est une journée faste au cours de laquelle on oublie tous les désagréments habituels pour se retrouver entre amis avec un bon pique-nique et de bonnes bières, en observant les huards.

Pour les Parisiens de Saint-Zénon, avec les beaux jours revient le temps de la pêche. Leur équipement et leur carnet de recettes s'enrichissent. Ils se sont bien débattus, mais ils sont ferrés, voire même férus!

L'espace en cadeau

Bien des gens, de part et d'autre de l'océan, s'étonnent :
« une maison au Québec ? Pourquoi ? » Il y a plusieurs
réponses. En voici une.

La France est un beau pays, riche de reliefs et de paysages
variés. L'Histoire est inscrite dans le moindre village, le pays
regorge de châteaux, d'églises classées, modestes ou
somptueuses, de monastères, de fermes traditionnelles, de
bastides, de vieilles pierres en tout genre. Chaque terroir
dispose de spécialités artisanales et gastronomiques.

Paris est une des villes les plus visitées dans le monde pour
ses monuments, ses musées, ses quartiers villageois, ses
théâtres, ses bistrots et ses mystères… Peut-être un peu
moins pour ses Parisiens !

Les Parisiens qui ont besoin d'évasion ont le choix :
montagnes moyennes comme les Vosges ou le Jura,
grands sommets des Pyrénées ou glaciers des Alpes,
rivages chauds de la mer Méditerranée, marées de la
Mer du Nord, de la Manche ou de l'Atlantique, belles
campagnes du Périgord, de la Bretagne intérieure, du sud-
ouest, de la Provence, d'Alsace… Rien n'est vraiment loin.

Et, tout près, les espaces naturels d'Île-de-France (la région
parisienne) ne sont pas négligeables : la faune y est d'une
richesse inattendue et ils possèdent autant d'espèces de
fleurs que toute l'Angleterre !

Mais, ces dernières décennies, l'urbanisation, le développement des voies ferrées, des autoroutes et des routes, ont réduit les boisements et les espaces naturels. Si des forêts couvrent encore de grandes superficies proches de Paris (les plus connues sont Fontainebleau et Rambouillet), cent millions de personnes s'y promènent chaque année. Cela fait du monde et il est difficile d'y apprécier le calme et le silence.

Les Parisiens manquent d'espace. Un manque terrible.

Dans le métro, lorsqu'ils sont coincés, comme plusieurs millions de personnes chaque jour, entre le bedon d'un monsieur et les seins d'une dame, ils rêvent de vastes étendues « sauvages » comme il n'en existe plus en France où tout est modelé depuis longtemps par la main humaine.

Nous ne sommes pas naïfs. Nous avons entendu parler de l'« horreur boréale » et de la surexploitation des forêts. À Saint-Zénon où sévit le chômage, nous regrettons de ne plus voir passer les lourds camions de bois. Nous assistons à l'emprise du tourisme autour du lac Taureau où il n'y aura bientôt plus d'accès public à la rive, à moins que... Nous craignons la percée d'une large route qui ferait de « l'autre nord », un duplicata des Laurentides. Nous savons bien que la région doit se développer pour garder sa jeunesse et que la population a besoin d'emplois.

Mais, nous qui vivons à l'étroit, nous savons combien l'espace est un luxe.

Notre cœur bat à chaque fois que, sur la 31, quittant Saint-Zénon vers le nord, notre regard se perd dans l'immense étendue des vallonnements. Chez vous, la nature s'impose avec toute sa force. On s'y sent petit, presque à sa merci, comme une partie de quelque chose qui nous dépasse infiniment. Le silence des espaces ne nous effraie pas. Il nous remet à notre juste place. Il redonne une échelle à notre existence d'urbains qui pensent pouvoir tout façonner, régler, dominer…

Chez vous, les Parisiens viennent respirer et reprendre leurs marques.

C'est un sacré cadeau que vous nous offrez. S'il vous plaît, faites qu'il dure.

Merci

Comment on se prend les pieds dans le tapis

Petite explication préalable.

Le mot français « verge » désigne à l'origine une branche souple et flexible, une tige de bois, une baguette.

Au XIIIe siècle, en Flandre (aujourd'hui, Nord de la France et de la Belgique), au pays des drapiers, cette baguette a servi à mesurer le tissu. Elle est même devenue une unité de longueur, reconnue, pour les étoffes. C'est toujours la signification que lui donne bien des Québécois. Elle vaut, je crois, trois pieds.

Mais l'histoire du mot a continué. Dans *le Roman de Renart*, un livre satirique écrit au XIIIe siècle (décidément, c'était le siècle de la verge !) qui, sous couvert d'une histoire de lutte entre le loup Isengrin et Goupil le renard, dépeint la société médiévale, la verge désigne le membre viril. Au XVIe siècle, on disait : « la verge anoblie », autrement dit, on est noble par le père. Et au XVIIe, l'expression « parent du côté de la verge » était courante.

Vous connaissez les Français de France, c'est ce sens de « membre viril » qu'ils ont retenu et les autres valeurs du mot ont disparu de la langue courante.

Revenons en Lanaudière.

Les jours plus frais arrivant, les Parisiens ont eu besoin d'un tapis, plus exactement d'une moquette pour recouvrir le sol en béton de leur salle de séjour. Les voilà partis chez le marchand de matériaux de construction le plus proche pour acquérir la chose.

Ayant fait leur choix parmi les échantillons, ils s'adressent à un vendeur. Celui-ci, aimable, leur pose alors une question qui lui semblait normale et utile : « Combien de verges carrées ? »

Il y a eu un grand silence. Les Parisiens se sont regardés. Ils ont roulé des yeux étonnés. Ils ont fait répéter. Et leur fou rire les a un long moment empêchés de s'expliquer. Le vendeur averti a ameuté tous ses collègues et le fou rire est reparti.

Ce jour-là, les Parisiens ont appris non seulement ce qu'était une verge en bon français, mais aussi une verge carrée. On n'arrête pas le progrès !

Et que croyez-vous qu'il arriva ? Le vendeur, plié en deux, se trompa dans ses calculs de superficie. Ses conversions en mètres, trop généreuses, ont permis de couvrir aussi l'escalier.

Le temps de la chasse

Les Parisiens de Saint-Zénon ne chassent pas.

Il faut dire qu'à Paris, il n'y a pas grand animaux à chasser ! Encore que…

Saint-Germain-en-Laye, une banlieue à quelque 25 km, côté ouest, ville royale depuis le XIIIe siècle (Saint Louis) : il suffit de sortir du RER, le réseau de métro qui dessert la banlieue, et de s'engager dans le parc du château pour découvrir d'innombrables traces de sangliers qui passent leur temps à labourer les jardins !

Antony, une autre banlieue, au sud, à 6 km d'une des portes de Paris : il a fallu organiser une battue dans le parc intercommunal pour abattre un sanglier dangereux pour les promeneurs. Et l'autre soir, en allant au supermarché, les Parisiens de Saint-Zénon ont rivalisé de vitesse avec un chevreuil égaré le long de l'autoroute !

Oui, il y en a des bêtes dans la région parisienne… sans compter les perroquets échappés de leurs cages et les caïmans jetés dans les égouts, car devenus trop encombrants pour leurs propriétaires.

La chasse est le deuxième loisir des Français, juste derrière le foot (le soccer), surtout pour les agriculteurs. En France, elle se pratique essentiellement en battue avec un chien.

Alors, quand vient le temps de la chasse à Saint-Zénon, les Parisiens ne sont pas trop dépaysés ! Quoique…

En ce temps où les mesures de sécurité dans les aéroports sont plus que minutieuses, il est très étonnant, presque surréaliste, à l'enregistrement des bagages, à Paris, de compter le nombre de fusils dans la file des voyageurs. Ce sont des chasseurs français qui embarquent pour le Québec dans l'espoir de rapporter un panache d'orignal et assez de souvenirs pour passer l'hiver à les raconter à leurs amis. Les soutes des avions sont pleines d'armes et de munitions!

Il est un peu perturbant, même impressionnant aussi, dans notre rang, truffé de gélinottes assez sottes pour rester sur place quand on les vise, de voir les chasseurs… chasser. Alors, les Parisiens ont adopté ces merveilleux et discrets petits gilets orange qui, aux yeux des chasseurs à l'affût, les distinguent des orignaux. Ceux-là, il faut aller un peu plus loin pour les voir brouter à la brunante. On les rencontre plus souvent tête coupée sur les capots des autos, corps couché dans les remorques. Les Parisiens ne savent pas caller l'orignal et encore moins choisir l'urine qui attirera le mâle, pourtant vendue par le dépanneur du bout du rang. Mais ils ont appris le goût raffiné de sa chair dégustée entre amis, le soir, avec une bonne bouteille. On apprend ce qu'on peut!

Élections, quand on se fait damer le pion

C'était il y a quelques années.

En paix au fond de leur rang, les Parisiens de Saint-Zénon enveloppaient leurs rosiers blanchis par les premières neiges. Ils rentraient leurs fagots d'allumage, lavaient leurs châssis. Ils se préparaient doucement pour l'hiver, écoutant d'une oreille inattentive les informations nationales et internationales de Radio-Canada : « Dans quelques mois, les Français vont voter pour élire leur nouveau chef d'État... Parmi les candidats, nombreux, on compte plusieurs femmes... L'une d'elles, Ségolène Royal, caracole en tête des sondages en dépit des petites phrases acérées des hommes politiques... »

Au-delà de leurs couleurs politiques, les Français s'interrogent : « Une femme serait-elle capable de présider la République (pourtant personnalisée par une Marianne traditionnelle) ? » C'est qu'au pays où l'on naît tous égaux, la parité reste souvent un vœu et les salaires des femmes restent inférieurs à ceux des hommes à responsabilités et compétences égales. On parle de Madame le ministre, Madame le professeur, Madame le docteur. La comtesse de Ségur, Colette, Françoise Sagan comme Gabrielle Roy, Nancy Huston ou Antonine Maillet, sont des auteurs qui ne méritent pas de « e ».

Les Parisiens de Saint-Zénon en étaient là, admirant le panneau planté au coin du rang « 3 chasseures à l'affût » puisque l'un des trois est une femme et qu'ici, le masculin ne l'emporte pas systématiquement sur le féminin.

Or, une étonnante nouvelle se posa chez eux comme un oiseau moqueur. Eva Ottawa, 35 ans, originaire de Manawan – presque une voisine – est élue et assermentée grande chef et présidente de la nation Atikamekw. Elle est la première femme qui occupe cette fonction dans toute l'histoire des premières nations du Québec et du Labrador.

Les Parisiens de Saint-Zénon ne connaissent des Atikamekw que ceux qu'ils croisent au supermarché de Saint-Michel-des-Saints ou sur la route qui mène à Manawan. La culture autochtone leur reste étrangère, ils n'en connaissent guère que les objets de bouleau qu'ils ont reçus en cadeaux.

Difficile de résister à l'analogie. Eva Ottawa a été élue face à cinq hommes. Les électeurs Atikamekw ont préféré tenir compte des compétences (sociologie et droit) et de l'expérience d'une personne plutôt que de son sexe pour lui confier la responsabilité de la nation. Et le chef du conseil de bande de Manawan en rajoute : «Les sociétés qui ont le courage de faire confiance aux femmes sont les plus performantes. »

Pendant ce temps là, de l'autre côté de l'Atlantique, on se demande si des épaules féminines sont capables de supporter le poids de responsabilités nationales (et qui va s'occuper des enfants ?).

Par un jour comme les autres, les Parisiens de Saint Zénon ont remballé mythes et bagages. Le choc des cultures, en Lanaudière, désembourbe les cervelles!

Lumières dans la nuit, c'est Noël

Décembre pourrait être mélancolique, car les jours sont si courts qu'ils semblent s'envoler et l'année agonise. Pourtant, au fur et à mesure que l'on s'enfonce dans la nuit de décembre, c'est tout un monde de lumières qui se révèle. Jusqu'au IVe siècle, on fêtait joyeusement le solstice, le jour où les jours commencent à s'allonger. Puis les chrétiens y ont greffé Noël, célébrant la naissance de Jésus comme celle d'une lumière venue éclairer le monde. Décembre est le mois de l'émerveillement. Partout, quelque chose s'insinue dans le train-train quotidien.

En région parisienne comme ailleurs, d'immenses sapins, plantés souvent à grands frais, s'illuminent de loupiotes bleues à chaque carrefour. Des guirlandes d'ampoules tendues en travers des rues principales souhaitent de joyeuses fêtes à l'entrée de chaque municipalité. Elles s'accrochent aux réverbères, aux poteaux télégraphiques des avenues et des rues commerçantes et clignotent comme des clins d'œil moqueurs face aux idées noires. Mais dans les quartiers périphériques, dans les petites rues, seules les lumières crues des éclairages publics éclairent les pas des passants. Les reflets de Noël, dans les salles à manger, ne se laissent guère deviner.

Les Parisiens de Saint-Zénon passent chaque année les fêtes en Lanaudière. Avant même que leur avion ne pose ses roues sur le tarmac de Trudeau, toujours à la nuit tombée, ils aperçoivent par les hublots la féerie des illuminations. Perturbés par les sept heures de vol, le décalage horaire (six heures) et les kilomètres de routes glacées qui séparent l'aéroport de la Haute-Matawinie, ils sont revigorés, dans la seconde moitié du parcours, par le lumineux relais qui les conduit de Joliette à Saint-Zénon. Pas une maison sans son scintillement : guirlandes le long du toit, tout autour de la maison et sur les arbres de la cour, crèches étincelantes, étoiles, rennes, traîneaux, pères Noël, clignotants. Tout n'est pas du meilleur goût, mais tout est joyeux, tout donne chaud au cœur. Tout dit : pour un temps, oublions nos pans sombres et mettons en avant nos côtés lumineux, mettons de l'éclat dans nos vies… Oui, tant de lumières dans la campagne nous guident mieux que les bornes phosphorescentes et les panneaux routiers. Elles égaient notre route. Elles nous enchantent, nous illuminent le moral. La 131 puis la 31 deviennent une voie étoilée.

Les bonnes idées, ça se partage.

Les Parisiens de Saint-Zénon, depuis quelques années maintenant, « habillent » le sapin jouxtant leur maison de banlieue, de grosses ampoules multicolores qui s'allument dès la nuit tombée et ne s'éteignent qu'au lever du jour. Du coup, les voisins qui, eux aussi, voyagent et observent les coutumes étrangères, en ont fait autant dans leurs arbres, leurs haies, sur leurs balcons et leurs terrasses. De plus en plus de fenêtres s'enguirlandent. Grâce à vous et à d'autres qui vous ressemblent, dans notre petite rue de banlieue (et de plus en plus en France), les lumières de Noël sortent des maisons et des appartements pour éclairer nos nuits de décembre.

À tous, un temps de fêtes plein de lumières !

Conduire dans la neige

Les Parisiens n'ont pas l'habitude de conduire dans la neige.

En ville, il est rare que la neige tienne longtemps et la mince couche qui tombe pendant un jour ou deux chaque hiver ou presque, est vite nettoyée par les responsables de la voirie pour éviter les accidents.

Leur seule expérience est celle des vacances de février dans les Alpes. Pour monter aux stations de ski, il est obligatoire de poser des chaînes sur les roues motrices des autos, ce qui n'est pas une mince affaire. Dans les vallées, les aires de stationnement sont emplies de Parisiens de fort mauvaise humeur, car il leur faut de multiples essais avant de bien placer, avec leurs doigts gelés, les chaînes. Du coup, ils repartent à la queue leu leu jusqu'aux logements qu'ils ont loués pour la semaine. Pendant le séjour, personne ne touche à sa voiture, si ce n'est pour placer les essuie-glaces perpendiculaires au pare-brise afin d'éviter qu'ils s'y collent. Puis tout le monde repart en même temps (ou presque, car certains ne peuvent plus démarrer), pour laisser la place aux vacanciers suivants et se retrouvent dans les mêmes stationnements pour démonter les chaînes.

Pourtant, les Parisiens de Saint-Zénon sont bien obligés, l'hiver, de prendre le volant sur les routes de Lanaudière…

Premier hiver : pour atteindre leur chalet, les Parisiens doivent franchir une courte côte, 50 mètres au plus, bien plus courte que celle qui mène à Montmartre, mais tout aussi raide. Cette année-là, leur voiture était équipée de pneus « quatre saisons ». Ce fut la seule fois ! La voiture est restée en bas de la côte et les bagages aussi.

Deuxième hiver : à la sortie de l'aérodrome, la voiture des Parisiens, équipée de quatre pneus d'hiver, mordait dans la neige. Ils se sentaient plus sûrs d'eux lorsque survint une tempête de gros flocons. Comment cela s'est-il fait ? Ils se sont retrouvés à Saint-Lambert, sur la Rive-Sud, ayant traversé le pont Champlain sans même s'en apercevoir. Certes, il faisait nuit, mais…

Troisième hiver : terminée la conduite par mauvais temps ou les trop longues promenades. Ce jour-là, le soleil étincelait sur la neige. Les Parisiens sont allés faire un tour dans les rangs. Quand ils ont voulu faire demi-tour, leur voiture s'est enfoncée dans un banc de neige. Ah, le doux bruit des roues qui tournent dans le vide… Le rang croisait le sentier de motoneiges. Quatre motoneigistes à la carrure digne des footballeurs les mieux équipés, ont sorti voiture et occupants de ce mauvais pas.

Quatrième hiver : l'idée est venue d'aller visiter la famille à Ottawa. Prudence, pas de petites routes, la 40 puis la 417 étaient dégagées. Mais, nouvelle découverte pour les Parisiens : le grésil. Au début, ce n'était qu'un petit bruit, joli. Perdus dans le blanc, sans repères ni sur les bas-côtés ni sur les panneaux recouverts d'aiguilles, les Parisiens ont eu un mal de chien à trouver la sortie qui les conduirait chez leurs cousins. Nul n'y voyait rien. Cette fois-là, c'est le cellulaire qui a sauvé les Parisiens.

Cinquième hiver : tant pis pour les invités français qui auraient voulu visiter tout le Québec, ils sont restés en Lanaudière et ont eu largement le temps d'admirer le paysage. Prudents, les Parisiens ont suivi la gratte pendant plus de 50 km sans oser la doubler. C'était comme à Paris : des appels de phare, des klaxons, des énervés qui, par conséquent, restaient bloqués à l'arrière!

L'hiver, si vous rencontrez des gens emmitouflés qui roulent sur la 31 ou la 131 à une allure de limace handicapée, soyez prudents et vigilants. Ce sont peut-être les Parisiens. S'ils vous grattent les nerfs, soyez indulgents, ça ne fait que quelques années qu'ils pratiquent.

Bonne route

Volets, contrevents, persiennes et jalousies

Les Français de France aiment les volets. Les volets sont rares à Lanaudière. Les Français de France ont toutes sortes de volets.

Les vrais volets sont placés à l'intérieur de la maison. Ce sont des panneaux de bois plein qui protègent le châssis des fenêtres. Leur nom vient de «voler» au sens de «flotter», «se déplacer», car leurs vantaux se rabattent ou s'enlèvent.

Les contrevents sont des panneaux de bois plein fixés à l'extérieur, qui protègent contre vents et marées.

Les persiennes (contrevents à la mode de Perse) sont des contrevents munis de lamelles de bois horizontales et inclinées qui laissent passer l'air et la lumière.

Les jalousies, d'origine italienne, sont des persiennes dont les lamelles de bois sont mobiles. On les règle comme on veut.

Dès qu'ils sont en France, les Parisiens de Saint-Zénon retrouvent les gestes quotidiens. Le matin, ils ouvrent leurs persiennes métalliques qui se plient en accordéon de chaque côté des fenêtres. Le soir, ils les ferment. Ça fait du travail (10 fenêtres!), du bruit et le risque de se pincer les doigts est bien là. Mais c'est aussi le temps de faire signe aux voisins qui sont occupés, à la même heure à la même tâche. Petit coucou du matin; petit coucou du soir.

Dès qu'ils sont à Lanaudière, les Parisiens de Saint-Zénon baissent leurs stores le soir, pas complètement : la nuit est si belle ! Et ils les relèvent le matin.

En France, on raconte qu'au Moyen Âge, de nombreux brigands sillonnaient les rues afin de cambrioler les maisons. Ils profitaient de la nuit, agissaient dans l'ombre et volaient le peu de matériel que possédaient les habitants. De solides volets furent donc attachés aux fenêtres pour contrer ces voleurs. Il y a peu de cambrioleurs à Saint-Zénon. Croisons les doigts…

Les persiennes permettent de constituer une couche d'air isolante entre la fenêtre et l'extérieur. La maison perd moins de chaleur, notamment la nuit, lors de la plus grande fraîcheur. L'été, persiennes fermées, l'intérieur garde toute sa fraîcheur. Ma grand-mère qui vivait dans le Midi maintenait ses volets clos jusqu'à 16 h pour éviter que le carrelage brûle ses pieds.

À Saint-Zénon, quand il y a un assaut de frette, il vaut mieux que la maison entière soit bien isolée. Persiennes ou volets ne suffiraient pas à la réchauffer et l'idée d'ouvrir pour… les fermer, glace le sang ! Et l'été accablant…

C'est quand ? À Saint-Zénon, les grandes vitrines donnent sur le bois. Les chevreuils et les lièvres, les renards et les ratons laveurs, les geais et les colibris nous en donnent à cœur joie.

Dans notre banlieue, les fenêtres ouvrent sur les autos, les motos, la pollution. Elles ouvrent aussi sur les voisins. Et c'est une coutume de vérifier que les aînés ouvrent bien leurs volets. Quand leurs persiennes restent fermées, tout le monde est alerté. Quelque chose s'est passé, malaise, chute, accident. Celui qui a les clefs vérifie. C'est aussi à ça que servent les volets !

Et les Français de France aiment aussi les secrets, la pénombre propice au «privé». Lorsqu'il fait nuit, la lumière allumée à l'intérieur des maisons permet à n'importe quel curieux d'observer ce qu'il s'y passe. À Saint-Zénon, il n'y a pas un monde fou qui passe devant la maison. Mais ceux qui empruntent le rang regardent rarement à l'intérieur. Ça ne se fait sans doute pas.

Volets, persiennes? À Saint-Michel-des-Saints, une ou deux maisons ont des persiennes d'ornement: elles ne se ferment pas. Dans les anciennes maisons de Lanaudière, sauf erreur, seule la maison Allard de Lachenaie est équipée de contrevents. Mais Saint-Zénon regroupe plus d'anciennes maisons de colonisation que de demeures de notables. Alors, les Parisiens s'habituent lentement et joyeusement à remiser leurs coutumes du vieux pays pour vivre «déterrés» et grand ouverts. C'est le fun!

> Volets ouverts, volets fermés?
> Volets ouverts
> Fou rire d'une école toute entière
> Éclatant au coin d'une rue…
> Des lilas plein les bras
> Une chanson pieds nus traverse la maison…
> La maison se réveille au grand air du printemps…
> Volets fermés
> Le papillon du gaz recommence à siffler…
> Volets ouverts et puis fermés
> Amants aimants et amoureux aimés…

Jacques Prévert

Le réveil du printemps et des patates

Pour rien au monde, les Parisiens ne rateraient octobre à Saint-Zénon.

Pour rien au monde, nous ne raterions mars à Paris.

Dimanche, randonnant en forêt (il en reste en région parisienne, entre les autoroutes et les lignes de trains à grande vitesse), nous avons rencontré notre premier papillon, jaune comme le soleil. Et de fragiles violettes profitent de l'absence de feuilles sur les arbres pour éclore en pleine lumière.

Hier, mes pas m'ayant conduit au Champ de Mars, le jardin qui borde la tour Eiffel, j'ai observé la surprise de touristes québécois devant les magnolias en fleurs. Ils avaient opté pour le pique-nique au soleil : il faisait 15 °C.

Dans notre rue de banlieue, les fleurs jaunes des forsythias et rouges des cognassiers du Japon débordent des clôtures (car, ici, nous avons tous des clôtures alors que nous n'élevons ni vaches, ni cochons, ni moutons et que, depuis des années et des années, personne n'a entrevu de coyotes). Les jacinthes embaument. Et, dans notre petit jardin, perce-neiges, crocus et jonquilles ont coloré le gazon depuis déjà une quinzaine. Certains de nos voisins, moqueurs, de l'autre bord du rang – non, excusez, de l'autre côté de la rue - affirment que c'est grâce au talus du métro qui passe sur le remblai juste au bout de notre immense terrain de 200 m^2, que nous jouissons d'un microclimat !

À Paris, c'est le printemps, le temps du réveil.

La preuve? Nos neurones se réchauffent: 200 m^2, ça fait combien en pieds carrés? Sachant qu'un pied carré vaut 929 cm^2 et que 200 m^2 font 2 000 000 cm^2, je pose ma division et… je prends ma calculette qui me donne la réponse: 2152 pi^2. Et en arpents? Sachant qu'un arpent contient 100 perches carrées et qu'une perche linéaire fait 18 pi, j'abandonne. L'échauffement de ma cervelle n'a plus rien à voir avec la douceur du printemps.

Pendant que j'y suis, 15 °C (voir plus haut) font… 59 °F.

Tout de même, ces Québécois, ils pourraient nous simplifier la vie à nous, pauvres Parisiens qui éprouvons encore quelques difficultés avec nos euros longtemps après l'abandon du franc!

Un de nos dictons s'inspirant du poète Théophile Gautier dit: «Mars qui rit, malgré les averses, prépare en secret le printemps.» À Saint-Zénon, le secret est bien enfoui! À en croire Environnement Canada et nos amis du village, les tulipes ne sont pas prêtes de montrer le bout de leurs pétales. Et ils vont encore rire de nous, ceux du rang quand, en avril, nous allons planter notre reste de pommes de terre que je retrouve immanquablement germées sous l'évier à chacun de nos retours. Sept ans que nous essayons, au printemps ou en été, sept ans que nous échouons. Jamais nous n'avons récolté le moindre tubercule! Mais à chaque printemps qui revient, nous espérons… Même s'il va falloir attendre une sacrée secousse pour que je pèle nos patates et les cuisine en « robe des champs ».

Nous nous débrouillons comme des patates, mais nous avons des excuses : nous sommes de la ville et Français de France !

De campagne en campagne

Vous en avez fini… peut-être.

Vous avez voté. Nous allons voter. Vous et nous voterons encore pour élire maires, députés, premier ministre chez vous, Président de la République chez nous.

À Saint-Zénon, nous n'avons pas de télévision.

À Paris, nous pouvons suivre les journaux télévisés français et le journal télévisé de Radio-Canada sur la chaîne TV5 Monde. Mais il arrive qu'on ne sache plus ce qu'on regarde, qui parle à qui (si ce n'est, peut-être, ouï de Paris, un très léger accent chantant et roulant) tant les propositions se ressemblent.

Tous les postulants se voient promis à un brillant avenir. N'empêche, il y a les «petits» candidats et les «grands», chez vous comme chez nous. Chez nous, ils sont généralement entre douze et vingt et chacun a droit à un panneau d'environ un mètre sur deux devant chaque bureau de vote; ça en fait de la surface mangée sur les trottoirs!

S'y ajoutent les collages sauvages: sur les murs, les poteaux, les rambardes, les ponts, les affiches des candidats aux sourires radieux, qu'il faudra un jour décoller pour retrouver un environnement ordinaire et chez vous et chez nous.

Il y a les rassemblements, les discours prolixes et ces promptes promesses de budgets épais, d'impôts qui baissent, d'emplois qui renaissent, de solutions pour la mondialisation chez vous et chez nous.

Il y a les virages de campagne, les dérapages, les gaffes et les peaux de banane. Chez nous! Et chez vous?

Il y a la parité homme/femme qui, un beau jour, existera chez vous, chez nous, Dieu sait quand…

Et il y a les avalanches de sondages qui rapportent euros et piastres aux instituts sondeurs et font vendre davantage de journaux, écouter davantage de radio, regarder davantage la télé. La France est la terre des sondages de toutes sortes, qui tourneboulent les candidats, les états-majors des partis, les militants et, parfois, les électeurs. Quel sera le vote des femmes de plus de 50 ans? Sondage. Des enfants d'immigrés de moins de 20 ans? Sondage. Des marins pêcheurs? Sondage. Des Parisiens en Lanaudière? Ils ne nous ont pas encore repérés! Quel est le couple préféré des Français pour l'Elysée? Sondage! Quel serait le report des voix de X sur Y au second tour? Sondage! On présumait que la monumentale erreur de prévision des instituts jusqu'au jour du premier tour de l'élection présidentielle de 2002 (ils avaient prévu M. Chirac contre M. Jospin et le résultat fut M. Chirac contre M. Le Pen) avait servi de leçon, mais il n'en est rien. Il y a des jours où l'on se demande s'il n'y aura pas un sondage pour mesurer l'incidence de cette envahissante «sondagite» sur les choix des électeurs.

Vous avez eu le « débat des chefs » et nous ne sommes pas capables de réunir autour d'une table deux heures d'affilée, que ça leur plaise ou non, nos candidats afin qu'ils s'affrontent en tête à tête et nourrissent notre réflexion.

Comment tenir jusqu'aux prochaines élections ?

Nous, les Parisiens de Saint-Zénon, en nous installant tranquillement en Lanaudière d'où nous voterons par procuration !

C'est une chance de voter en liberté. Bien des peuples nous envient.

C'est une autre chance de pouvoir prendre de la distance, s'éloigner… chez vous !

Histoires d'oies

En Europe, on les appelle «bernaches du Canada».

À Saint-Zénon, on les nomme «outardes».

Ces élégantes Canadiennes ont été introduites en Grande-Bretagne et en Suède au XVIIIe siècle. Nous en avons quelques-unes en France, des sédentaires.

Pourtant, le vrai plaisir, c'est de les voir passer.

Et les Parisiens tâchent d'être en Lanaudière quand elles passent.

Vous appelez leurs vols en V des voiliers. Chez nous, les voiliers sont des navires à voiles, c'est tout. Mais quel beau mot! Et c'est vous qui avez raison: au XVIIIe siècle, un voilier désignait un oiseau dont le vol était très étendu; à moins que le vocable soit réservé aux oiseaux dotés de grandes ailes tel l'albatros.

Les outardes font voile, au sens où elles naviguent, où elles mettent les voiles lorsque la température ne leur convient plus.

En Lanaudière, quand passent les voiliers d'outardes, les Parisiens sortent et restent de longues minutes le nez en l'air, les yeux levés au ciel, écarquillés, les oreilles tendues. Ces grands V dessinés dans les nuages font rêver.

On dit qu'ils facilitent le vol grâce au phénomène du tirant d'air, comme pour les cyclistes. En réalité, dans les côtes de nos zecs et réserves ou de la forêt Ouareau, j'ai beau me planquer derrière les meilleurs grimpeurs, les pédales de mon vélo restent bien dures à mes mollets. Si j'étais une oie…

On dit que le V facilite aussi la communication lors des changements de vitesse ou de direction. Car les oies sont loquaces, comme les humains, elles cacardent en vol, ce qui vaut mieux que de cancaner !

On dit aussi que les couples sont unis pour la vie. C'est sûr, les oies sont fidèles, au moins aux lieux qu'elles fréquentent. Près de notre rang, elles se posent toujours sur le même lac, à la brunante. À les observer, on se console de chagrins, on oublie le stress du métro-boulot-dodo, on respire les grands espaces qu'elles franchissent, du Mexique au Labrador et les déprimes parisiennes s'envolent avec elles au matin. (Elles nichent même régulièrement sur les pelouses de la grande propriété de Saint-Michel-des-Saints, entre-temps si bien soignées, ce qui ne fait pas rire tout le monde !)

Bien sûr, des amis nous ont initiés à la cuisson de l'outarde : elle nécessite deux chaudrons, une oie dans un chaudron, une pierre dans l'autre. Quand le couteau pénètre facilement dans la pierre, l'oie est cuite. Il n'empêche, une de nos voisines cuit poitrines et cuisses de longues heures dans du jus de pomme et accommode la viande avec des oignons et des fèves au lard. À nos papilles, ce n'est pas aussi bon qu'un bon cassoulet mijoté à la graisse d'oie de Castelnaudary, mais ça nourrit !

Cette année encore, les voiliers d'outardes ont rasé notre toit, en partance vers le Grand Nord et les Parisiens fascinés ont rêvé les yeux ouverts.

Les Parisiens sont comme les oies, ils passent. Mais, dans leur pays d'en haut, ils apprennent lentement à regarder.

Soyeuses petites bêtes

Depuis leur premier jour à Saint-Zénon, les Parisiens s'ébaudissent devant tout ce qui porte plumes ou poils et vient tranquillement les visiter, des mulots aux ours en passant par les chevreuils, les renards, les marmottes, les lynx, les hermines ou les coyotes ; des mésanges aux butors en passant par les gélinottes, les sittelles, les pics, les garrots, les geais bleus, les roselins et bien d'autres dont ils ignorent le nom.

Ébaubis, ébahis, les Parisiens de Saint-Zénon !

Astucieusement placées en regard des fenêtres, des mangeoires emplies de graines variées attirent tout ce joli monde. Derrière le carreau, il semble doux le pelage des tamias (les Suisses) ; il est brillant celui des écureuils ; on voudrait caresser la fourrure des marmottes ; on s'amuse des drôles de lunettes des ratons laveurs.

On s'amusait…

Quand huit ratons laveurs grimpent dans l'épinette de la façade, elle souffre et on se dit que le bel érable pourrait subir des dégâts. Quand deux mouffettes s'installent sur le seuil, on n'a plus qu'à le désinfecter et se boucher le nez.

Arrivant de France, voyage et décalage horaire compris, les Parisiens n'ont pas franchement apprécié de retrouver leur salle de séjour chamboulée. Lampes renversées, fils électriques, heureusement débranchés, rongés, armoire rognée, artisanat autochtone dévoré !

Une joyeuse soyeuse famille de tamias s'était érigée en gardienne de cette maison temporairement vide, grignotant le pagne en cuir d'une statuette, jouant avec les plumes des coussins et mettant au monde la nouvelle génération à l'abri des désordres de la météorologie.

Aujourd'hui, les mangeoires sont vides, les trous trop proches des murs bourrés de boules à mites, grillagés et cimentés. Les Zénoniens qui paraissaient cruels aux Parisiens (ils piègent les écureuils) leur semblent désormais fort sages.

Les bêtes sont toujours là, car cocottes, herbes et graines de la nature leur suffisent amplement. Les Parisiens qui ont passé une semaine à réparer leurs souvenirs atikamekws sont devenus des experts en enfilage de perles, en couture de cuir et en travail d'écorce de bouleau. Surtout, ils ont admis que, dans la nature, chacun doit rester à sa place, eux compris.

Puissent les « bibites » volantes de l'été le comprendre à leur tour ! (Elles aiment particulièrement les Parisiens.)

Grande Histoire de petits besoins

Québécois de Lanaudière et d'ailleurs ou Français de France, nous sommes faits à l'identique. Quand nous buvons, bière, vin ou même de l'eau, de petits besoins se font sentir.

Quelle prosaïque chronique !

Certes, mais le terre-à-terre a son importance et ses différences !

Côté France

À Paris, la dernière «vespasienne», toilettes publiques collectives et gratuites pour les hommes, est devenue un monument précieux, objet d'une admirative attention. Des visiteurs de toutes nationalités photographient l'édicule de métal vert foncé d'où dépassent les pieds des utilisateurs. Friands de leur histoire, les Parisiens rappellent dans des ouvrages nombreux et tout à fait sérieux que le nom de ces urinoirs (les Parisiens disent «pissotières») vient de l'empereur Vespasien qui régna sur Rome de 69 à 79. Ce judicieux dirigeant fit déposer dans les rues de sa capitale de grandes urnes d'argile en vue de collecter et l'urine utilisée par les teinturiers et blanchisseurs et un nouvel impôt. D'où le dicton : l'argent n'a pas d'odeur.

Les premières vespasiennes de Paris sont apparues en 1834 par la volonté du préfet de la Seine, le comte Rambuteau, en remplacement des «barils d'aisance» disposés aux coins des rues. Elles se sont vite multipliées et perfectionnées : intérieur isolé du regard par un écran et éclairage avec un bec de gaz.

En mars 1961, le Conseil municipal de Paris décide la disparition graduelle des vespasiennes en raison de la mauvaise réputation de ces lieux et de l'odeur pestilentielle qui en émanait. On les qualifiait alors de mobiliers urbains « offensant pour l'harmonie des rues ». Les vessies des Parisiens (et des Parisiennes jusque-là oubliées), continuant à fonctionner normalement, le Conseil de Paris fit construire dès 1980 les premières « sanisettes » dont le nettoyage était automatisé.

Quant aux toilettes payantes, les plus lucratives sont celles de la tour Eiffel. Leur gardienne est la « dame pipi » la plus riche de France et rappelle à qui la jalouse que le mot urine vient du latin *aurum* qui signifie or (à cause de la couleur). Quelques Lanaudois ont sûrement contribué à gonfler sa bourse.

Côté Lanaudière

Les Parisiens et leurs amis, amateurs d'objets patrimoniaux issus du terroir, aiment à photographier ces jolies cabanes qui se cachent derrière les maisons, au fond des cours. Mais elles se font rares, les bécosses, hors des campings, des haltes pour randonneurs ou des territoires des chasseurs d'orignaux prévoyants. Les Parisiens, surtout les Parisiennes qui redoutent l'herbe à puce encore plus que les orties, se réjouissent de trouver sur leurs chemins ces constructions de bois porteuses de 400 ans d'histoire (Jacques Cartier en parlait déjà). Sans compter que leur nom procède d'une linguistique « franglaise », fruit d'esprits inventifs.

Les bécosses évitent des mésaventures. L'hiver dernier, un ami qui avait un besoin pressant a voulu, par courtoisie, s'éloigner de la voiture, dans la forêt Ouareau. Il s'est enfoncé dans la neige jusqu'aux aisselles et a dû… changer de pantalon sous les rires moqueurs des Parisiens de Saint-Zénon. Les bécosses dispensent aussi de bons souvenirs. Les beaux jours revenus, en excursion dans le parc du Mont-Tremblant, j'y suis restée coincée un large quart d'heure : une biche indiscrète en bloquait la sortie sans qu'aucun bruit, aucune manifestation ne l'en fasse déloger.

Et ces refuges n'ont pas dit leur dernier mot. À l'arrière de notre maison, il est un endroit où, curieusement, les plantes poussent bien mieux que nulle part ailleurs. Nous nous sommes longtemps demandé pourquoi. Renseignements pris, oui, elles étaient bien là.

Clefs des champs

Forêt d'Armainvilliers à une cinquantaine de km au sud est de Paris, dans la Brie, la région qui a donné son nom au fromage. Les Parisiens de Saint-Zénon aiment chercher des champignons sous ces quelque 1450 hectares (environ 5,6 miles carrés) de chênes, de hêtres, de charmes, de tilleuls et de bouleaux. Ils ne sont pas les seuls ! Mais lorsque pluie et soleil alternent, il y a assez de cèpes pour fourrer toutes les omelettes du dimanche soir. Marcher, se pencher, se baisser, se relever et recommencer, c'est bon pour la santé. Pas pour les clefs ! Ce jour-là, les paniers étaient bien remplis, mais les poches vidées.

Alors, les Parisiens sont partis à la recherche des clefs de leur maison. Et des clefs, ils en ont trouvé : quatre trousseaux, mais pas les leurs.

Dans les forêts proches de Paris, de longues barrières ferment les chemins pour empêcher les autos de pénétrer sous les futaies. Elles servent aussi d'étals pour les objets trouvés clefs, porte-monnaie, casquettes, doudous de bébés, écharpes, etc. Les Parisiens ont ajouté leurs trouvailles à l'éventaire, hélas souvent dérobé, et sont rentrés chez eux à l'aide d'un double.

Réserve Rouge-Matawin. Les Parisiens de Saint-Zénon se promènent, rien dans les mains, tout dans les poches, grappillant framboises et bleuets. (Il faut toujours que les Parisiens ramassent quelque chose !) Ils sont comme seuls au monde, personne alentour. Que la forêt est grande et que les Parisiens sont petits !

Au détour du chemin, une souche attire l'œil. Marquée par les jours passés aux intempéries, entaillée, avec ses contours irréguliers, elle ponctuerait de belle façon la rocaille qui borde la maison. Elle est lourde. La voiture est loin. Les Parisiens soupèsent, repèsent, la font rouler sur la gravelle, puis, de peur de l'endommager, se décident à la porter, à deux, chacun tordu vers l'autre. Il y a quantité de souches plus proches de chez eux, mais moins décoratives, c'est sûr! Rentrés épuisés, ils s'abandonnent dans leurs fauteuils. Lui avait gardé ses clefs. Mais dans mes poches : plus de clefs, plus de papiers, plus de carte bleue, plus de porte-monnaie!

La réserve Rouge-Matawin est bien moins fréquentée que la forêt d'Armainvilliers. Le lendemain, tout était là, près de l'empreinte de la souche, un peu piétiné par un orignal intéressé qui avait laissé ses traces sur le chemin.

Il y a des forêts achalandées, petits coins de nature pas vraiment préservée où les urbains agités se précipitent en fin de semaine, espérant respirer. Il y a de vastes espaces forestiers où l'on mesure ce qu'est la nature. Et puis il y a des Parisiens, un peu «pochetés» qui, désormais, vont enfermer clefs, papiers et objets utiles dans des sacs à dos hermétiquement clos. Si vous en rencontrez, faites comme si de rien n'était ; ils apprennent la forêt, la vraie!

Gélinottes, premier essai

Il est des Parisiens chasseurs, en particulier ceux dont
la famille vit en région et qui retournent régulièrement
visiter leur campagne natale. Les Parisiens de Saint-
Zénon, Parisiens depuis trois générations, n'ont, ou plutôt
n'avaient, encore jamais chassé. Certes, ils apprécient
cuissots de chevreuils, gigots de sangliers, faisans rôtis,
lièvres en cocotte justement arrosés et, preuve de leur
bonne adaptation au Québec, la viande d'orignal. Quand
vient le temps de la chasse, ils se contentent d'endosser,
lors de leurs randonnées en Lanaudière, ces seyants gilets
d'un orange phosphorescent qui évitent d'être confondus
avec un quelconque gibier.

Or voilà qu'une voisine amicale et audacieuse leur propose
une partie de chasse à la gélinotte dans le parc de
Mastigouche. Ni une ni deux, les Parisiens de Saint-Zénon
acquiescent et acquièrent un court permis de chasse.

Méthodique et sage, la voisine organise un entraînement
avec le seul fusil dont nous disposerons, celui de ses fils
lorsqu'ils étaient jeunes chasseurs. Elle pose une cible à
terre, une autre à quelques mètres du sol, les gélinottes
étant sensées s'envoler et demande aux Parisiens de viser.
Lui, ayant accompli un service militaire obligatoire, a déjà
tenu, chargé un fusil et tiré. Cible du bas, cible du haut, si le
centre n'est pas atteint, les plombs laissent des traces bien
visibles. Mon tour arrive. À la seule idée de tenir un fusil,
mes jambes flageolent ce qui fait trembler mes mains. Je
place la cartouche comme les deux autres m'ont expliqué
et réexpliqué. Je vise la cible du haut, je prends un bon

coup dans l'épaule et… aucune trace de plomb. Je vise la cible du bas et… je touche le bord de la cible du haut.

Le lendemain, dès potron-minet, sous une pluie battante (nous disons : «Il pleut comme vache qui pisse»), notre confiante voisine et ses deux acolytes, chargés de vêtements de rechange, de quelque nourriture reconstituante et d'espoirs quittent leur rang pour un confortable camp au bord d'un lac d'où rayonnent des chemins fréquentés à coup sûr par nombre de gélinottes.

Riches d'une seule arme, nous choisissons un ordre de tir. La première gélinotte sera pour la voisine, la deuxième pour le Parisien, la troisième pour la Parisienne et ainsi de suite jusqu'à épuisement des gélinottes.

Lorsque la première gélinotte a enfin daigné paraître, il était déjà tard dans la soirée. La visibilité était médiocre. La voisine l'a ratée. Dans la matinée du jour suivant, un roucoulement nous a pétrifiés : il y en avait une, tout près. Après une dizaine de minutes, toujours sous la pluie battante, elle a sautillé sur le bas côté. Le Parisien l'a mise en joue et… manquée. Ôtant la cartouche de son emplacement, il a même démonté le fusil en trois morceaux. Il a fallu un bon quart d'heure pour le réparer, temps que la gélinotte a mis à profit pour nous observer du plein milieu du chemin.

Je suis la seule à n'avoir rien laissé échapper : quand mon tour est venu, plus aucune gélinotte ne s'est présentée, toutes se sont planquées. Mon adresse et mes exceptionnelles capacités de chasseresse avaient dû faire l'objet d'une vaste information chez le peuple affolé des perdrix. Depuis, la communication fonctionne mieux : de hardies gélinottes fréquentent régulièrement notre cour, certaines de ne courir aucun danger.

Elles ont tort. Nous projetons de passer au deuxième essai et, cette fois, c'est moi qui commence! Si vous connaissez d'appétissantes recettes de gélinottes, vous pouvez me les envoyer, c'est certain, je devrai cuisiner.

Ours à histoires

D'un côté de l'Atlantique, l'hiver venu, ils vont s'endormir, sans histoires. Mais de l'autre, ah, de l'autre…

Était-ce une année à ours comme il y a des années à pommes ou à prunes ? Cet automne-là, les Parisiens de Saint-Zénon en ont rencontré une bonne douzaine. À Mastigouche, dans le parc du Mont-Tremblant, sur les chemins forestiers qui s'écartent de la route de Manawan, au coin d'un rang du village où une benne à déchets, en principe non organique, leur servait de garde-manger et même sur leur propre rang. Les Parisiens – et leurs invités français encore davantage – aiment observer les ours, surtout à l'abri d'une auto ! Sympathiques, voire attendrissants lorsque des petits courent derrière leur mère. Rigolos lorsqu'ils grimpent dans un pommier pour se goinfrer de fruits avant que des humains ne les récoltent. Émouvants lorsqu'un camion les a heurtés sur la 31 et qu'on les trouve, au matin, morts, dressés contre la barrière de sécurité. Tout de même fort inquiétant pour des Parisiens randonneurs, fascinés par leurs griffes acérées arrachant framboises ou bleuets. Qui s'y frotte s'y déchire. Mais, il suffit de cueillir les fruits en chantant à tue-tête (quand on chante comme moi, ils fuient, c'est garanti !) ou de munir son sac à dos d'un grelot (et de penser à l'enlever avant de passer la douane à l'aéroport Trudeau).

En Haute-Matawinie, les ours font partie du paysage. L'éleveur du rang n'en fait pas tout un fromage. Et l'apiculteur protège ses ruches de hauts grillages sur lesquels une pancarte « interdit aux ours » indique à ceux qui ont appris à lire que l'endroit ne leur est pas ouvert.

En Lanaudière, au Québec, au Canada, la cohabitation se passe plutôt bien.

En France, l'ours déchaîne des passions.

La présence rarissime (si on en compte une dizaine, c'est sans doute exagéré) et circonscrite de ce poilu pataud crée des problèmes insolubles. Depuis onze ans, un plan de réintroduction de l'ours est mis en œuvre dans les Pyrénées, la chaîne de montagnes qui sépare l'hexagone de l'Espagne. En effet, au XIXe siècle, l'ours béarnais était une figure emblématique de ces reliefs et, dans les années 1920, environ 200 y marquaient encore leur territoire avant de disparaître complètement. Depuis 1996, on lâche dans les Pyrénées, quelques plantigrades venus de Slovénie, tous dotés d'un prénom. Il y eut Ziva, Pyros, Néré, Boutxy, Kouki ou Melba et Cannelle, abattus par des chasseurs en dépit des interdits. Le ministère de l'Environnement a défini des réserves pour les protéger. Mais ces prédateurs sont aussi des baladeurs. Préfèrent-ils le côté français, les Espagnols ne s'en plaignant jamais ? Des chiens sont formés pour garder les troupeaux et lorsque des moutons sont égorgés, les bergers reçoivent des indemnités. Allez savoir pourquoi les ours slovènes égorgent tant de moutons pyrénéens…

Rien n'y fait. C'est la guerre.

D'un côté ceux qui défendent la présence des ours, traités d'écolos incurables, de citadins – souvent de «Parisiens, têtes de chiens» voire «Parigots, têtes de veaux» –, d'intellectuels irresponsables ne connaissant rien ni à la campagne ni à l'élevage.

De l'autre, les éleveurs pyrénéens et leurs supporters, qualifiés d'«espèces de primates», tendance réac, ignorant tout de la préservation de l'environnement.

Douze ans d'exaspération. Douze ans que l'amorce d'un début de compromis est impossible.

Dernier rebondissement : Francka est morte, percutée par un véhicule sur une route qu'elle n'aurait pas dû traverser, surtout sans regarder. Les haines s'exacerbent. Les clans s'injurient. La secrétaire d'État à l'écologie propose d'autres lâchers d'ours.

Les Parisiens de Saint-Zénon, nantis de leur «longue expérience» de cohabitation ursine, se demandent s'il serait possible d'offrir, en nord Lanaudière, un stage «vivre avec les ours» à quelques excités des deux bords. À moins que quelques Zénoniens aillent parler aux ours des Pyrénées, leur expliquer comment fonctionnent… les Français.

Autos automatiques

Confidence : on ne conduit pas de la même façon en France et au Québec, à Paris et en Lanaudière !

En France, bien des conducteurs (souvent des mâles) mettent un point d'honneur à dominer la machine en imposant le régime qu'ils veulent au moteur. « Non, mais alors, qui est-ce qui commande ? » À Paris où les encombrements sont quotidiens, les embouteillages quasi permanents et les feux de signalisation aussi nombreux que les bibites au printemps en Lanaudière, jouer avec le levier de changement de vitesse de son auto exige une talentueuse dextérité. Au point mort à chaque feu rouge pour éviter de peser sur la pédale de frein ; en première pour démarrer ; en seconde dès que ça roule un peu ; en troisième si la rue est dégagée ou pour doubler – en surrégime, histoire de doper la voiture – et retour à zéro au feu. On passe parfois la quatrième sur le boulevard périphérique, vers les 2 h du matin ! On est le plus souvent en première, le pied sur la pédale d'embrayage pour avancer de quelques centimètres, tout doucement pour ne pas frapper la voiture qui nous précède. Le surplus de consommation d'essence enrichit les compagnies. La pollution gâte nos poumons. Le remplacement des embrayages usés fait la fortune des mécaniciens. Les tendinites du bras droit que des conducteurs prétendent dues à leur dernier tournoi de tennis embarrassent les salles d'attente des ostéopathes et chiropraticiens.

Naguère, les Parisiens de Saint-Zénon conduisaient comme les autres, jusqu'à leur débarquement outre-Atlantique, jusqu'à leur découverte des autos automatiques.

Les tout débuts furent gauches. Les premiers démarrages se sont transformés en séries de soubresauts accélérés projetant passagers et objets d'avant en arrière, de haut en bas, mieux qu'à la fête foraine. Puis les Parisiens ont découvert que la conduite automobile peut être sereine. Pas de bruit de moteur à écouter, pas de question à se poser, la boîte gère pour le chauffeur. Un pur plaisir quand on sait s'en servir. Et le fin du fin, ce sont les démarrages en côte. À Paris et dans sa banlieue, les collines sont nombreuses. Un pied sur le frein, l'autre sur la pédale d'embrayage, une main sur le volant et l'autre prête à saisir le frein à main, le conducteur moyen est stressé par le risque de toucher la voiture qui se trouve derrière ou de caler. C'est d'ailleurs là qu'achoppent beaucoup de candidats au permis de conduire, obligés de se représenter quelques mois plus tard. À Saint-Zénon, les côtes ne sont pas rares et les Parisiens habitent au sommet de l'une d'elles. Lorsqu'ils sont seuls sur le rang, il leur arrive de s'arrêter au milieu, juste pour le plaisir de redémarrer en côte en toute quiétude. Ils sont comme ça, les Parisiens de Saint-Zénon, prêts à profiter de toutes les bonnes inventions qui simplifient la vie. La preuve ? À Paris, ils ont acheté une auto automatique… et aussitôt essuyé un : « C'est une voiture de vieux paresseux ! ». Une remarque automatique. Pour combien de temps encore ?

De quel bois je me chauffe

Comme une majorité de Parisiens, ceux de Saint-Zénon, dans leur banlieue, se chauffent au gaz. Une chaudière dans le sous-sol, un tuyau raccordé au réseau de gaz naturel, un thermostat et la maison est à la température choisie. Il y a bien une cheminée dans la salle à manger, au manteau en «marbre de boucher» (comprendre : marbre rouge veiné jadis utilisé comme étal dans les boucheries), mais elle n'est utilisée que quelques jours par an, aux intersaisons. Une flambée pour donner à rêver aux copains, réchauffer l'ambiance, pour le plaisir de contempler les flammes vacillantes, d'écouter crépiter le bois, de humer l'odeur de l'âtre brûlant. Alors, les Parisiens font feu de tout bois. Posés sur les chenets, n'importe quelle branche morte de châtaignier, de chêne, de frêne, de pin ou de sapin, ramassée à la va-vite lors d'une promenade en forêt, n'importe quel rameau cassé de leur cerisier ou de leur pommier fait l'affaire. On allume avec une briquette de copeaux compactés et on se tient au coin du feu, car deux mètres au large le frais retombe.

À Saint-Zénon, les Parisiens ont dû se familiariser avec le poêle à bois. L'ancienneté du premier lui aurait valu de figurer en bonne place dans un musée de la civilisation s'il ne s'était effondré sous le poids d'une bûche. Les bûches, parlons-en. Pour leur premier hiver en Lanaudière, les Parisiens les ont acquises chez un fournisseur dont la première question a été : «Combien de cordes ?» Réponse : «Non merci, pas des cordes, du bois de chauffage.» Sourire du commerçant : «J'ai bien compris, des cordes de bois.» Embarras des Parisiens déjà fort peu familiarisés avec les «stères», soit 1 m^3, bien de chez eux. (Depuis, ils se sont informés : une corde de bois mesure 4 x 4 x 8 pieds, ce qui ne les renseigne guère davantage.) Un chiffre au hasard et… ils ont dû apprendre à ranger les bûches les unes sur les autres, ce qui paraît simple lorsqu'on se contente d'observer les réserves alignées au cordeau des Zénoniens.

Retour en France. Voilà que se chauffer au bois est à la pointe de la mode, économique, écologique. Les gazettes l'affirment : « Le bois est une énergie renouvelable, locale (générant peu de consommation de carburant pour être transporté) sociale (car elle fournit du travail) et un arbre consomme environ la même quantité de CO_2 que le poêle produit ». Les Parisiens se flattent, dans les conversations entre collègues de bureau, non seulement d'habiter une maison de bois (le dernier chic) en Lanaudière au Québec, mais aussi de la chauffer au bois. Ils omettent de préciser l'habillage du mur par des plaques de tôle, les dangers de la créosote, la poussière, etc.

Aujourd'hui, les Parisiens de Saint-Zénon ont un nouveau poêle à bois, à combustion lente, et une remise où corder leur bois de chauffage. Ils scient en bûches les branches cassées de leurs bouleaux et les troncs que les employés d'Hydro-Québec, qui dégagent les lignes électriques sur les bords du rang, ont la bonne idée d'abandonner sans les réduire en sciure. De prévenants et compatissants voisins, outillés d'une tronçonneuse, eux, leur partagent ce qu'ils fendent sur leur propre terre. Et les Parisiens rangent soigneusement ces nouvelles bûches au-dessus des plus vieilles, au-dessus des plus sèches !

Tout de même, l'expérience venant, les Parisiens de Saint-Zénon ont appris de quel bois on se chauffe[1]. Ils avaient repéré que les fagots de sapin se consumaient vite et ne pouvaient être utiles que pour démarrer un feu. Ils commencent à discerner la différence entre bois durs et tendres, entre la chaleur dispensée par le bouleau, le tremble ou le merisier et leur temps d'incinération, par l'érable dont une seule bûche suffit à passer la nuit. C'est qu'il fait frisquet, le matin, si le feu est éteint! Pour cet hiver, les Parisiens ont rangé leur bûcher, classant, essence par essence, les grosses bûches, les petits rondins, le bois le plus sec devant. Ils ont même recueilli des écorces de bouleau pour l'allumage, à l'imitation des Zénoniens de souche.

Leur fierté aurait été totale s'ils n'étaient allés se faire couper les cheveux. Une douce chaleur se diffuse dans le salon de coiffure de Saint-Zénon. Séduits, les Parisiens ont questionné le coiffeur sur son poêle. Et la réponse a fusé : « C'est un poêle à gaz français, pourquoi ? »

1. *Pour les Français de France, l'expression « tu vas apprendre de quel bois je me chauffe » signifie « tu vas apprendre qui je suis », sous-entendu « si tu continues à m'échauffer les oreilles ! »*

Aïe, les haies !

Dans les proches alentours parisiens, les pavillons de banlieue sont encore entourés de petits jardins plantés d'arbres fruitiers et de fleurs. Les Parisiens de Saint-Zénon ont la chance de détenir ainsi une centaine de m² entre leur maison et le talus du réseau express régional (RER), autrement dit, le métro de banlieue. Et comme tous les terrains attenants, le leur est clos. Au fond, un mur de briques de plus de deux mètres, doublé de thuyas, « le béton vert », empêche d'éventuels errants de pénétrer chez eux. Dans la rue, une grille en fer forgé souligne la limite du trottoir. De chaque côté, des clôtures séparent leur propriété de celles des voisins. Et il en est ainsi pour chaque maison.

Murs, grilles, clôtures, palissades, barrières et haies marquent le territoire de chacun. Il est même des banlieusards pour intenter des procès à leurs voisins parce que le mur que ceux-ci érigent ou reconstruisent déborde de 2 cm chez eux à moins que ce ne soit leur laurier, leur poirier, leur rosier grimpant qui ont l'audace d'outrepasser la clôture. (Il est vrai qu'au prix du m² en région parisienne, chaque cm vaut une petite fortune.)

Oui, en banlieue, même lorsque les relations sont chaleureuses, c'est chacun chez soi, à l'abri de ses murs. Et lorsque vient le temps de la fête des voisins, c'est la rue qu'on barre pour mieux se réjouir, boire et faire ripaille entre riverains. On ne va tout de même pas se mélanger avec ceux de la rue d'à côté !

À leur décharge, les Français invoquent l'Histoire. La clôture, anciennement closure, était une enceinte, surtout dans les monastères. D'où le mot : « cloître » où moines et moniales étaient « reclus ». D'ailleurs, on emploie encore le terme « closerie » pour désigner un petit clos contenant une maison. La Closerie des Lilas est un célèbre restaurant parisien.

La palissade était un ensemble de pieux fichés dans le sol à des fins défensives (même si les pommiers palissés des Parisiens de Saint-Zénon ne défendent même pas une invasion d'insectes).

La barrière, ce qui est consolidé avec une barre et, donc, s'oppose au passage, séparait ceux du château et ceux du dehors, les manants qui habitaient la ville fortifiée et les vilains de la campagne.

Les traditions donc, la sécurité aussi et le besoin, sans doute, de se sentir protégé de l'agitation, de la nervosité, de la tension que comporte la vie dans une grande ville sont autant de motifs rationnels de s'enclore ainsi.

À Saint-Zénon, les Parisiens apprécient l'absence de séparation entre les maisons du village. L'espace paraît vaste lorsqu'il n'est pas interrompu par des barrières, haché de murs. Ils observent que les enclos sont utilisés pour garder les animaux, rarement les gens. Des mésententes, comme partout, séparent ou excluent. Il n'empêche, leur empreinte ne ponctue pas le paysage. La grille évoque d'abord le barbecue, la haie l'honneur, la barrière un obstacle naturel comme les Rocheuses, la palissade un chantier et la clôture celle d'un débat.

Cela dit, qu'on fait, selon vous, les Parisiens sur leur terrain de Saint-Zénon ? Ils ont installé… une courte palissade, juste trois pieux reliés par quatre perches qui ne séparent ni ne barrent rien. C'est juste esthétique : elles sont tellement belles vos vieilles clôtures !

Naïfs les Parisiens ? Peut-être. Mais c'est de tout cœur qu'ils vous souhaitent à tous, comme à eux-mêmes, une année sans obstacle pour obstruer nos chemins, sans barrière pour s'opposer à nos désirs, sans clôture pour exclure.

Pour le dire plus joliment, voici un poème
de Raymond Devos :

Je hais les haies qui sont des murs.
Je hais les haies et les mûriers
qui font la haie le long des murs.

Je hais les haies qui sont de houx.
Je hais les haies qu'elles soient de mûres
qu'elles soient de houx !

Je hais les murs qu'ils soient en dur qu'ils soient en mou !
Je hais les haies qui nous emmurent.

Je hais les murs qui sont en nous.

Entraînants traîneaux

Les chiens de traîneau ne sont pas franchement rares dans les rues de Paris. On y croise des huskys qui, chaque soir, font le tour du pâté de leur maison, en laisse, la queue basse et leurs yeux bleus tournant au gris triste. Ils s'accommodent de maîtres déraisonnables qui les aiment, mais pas au point d'abandonner leur vie citadine pour des contrées plus adaptées à leur compagnon.

Les mushers fréquentent peu la capitale. Début janvier, chaque année, une trentaine se retrouvent pour la Grande Odyssée, une course de 1000 km dans les Alpes et d'autres traversent les montagnes du Jura.

Les Parisiens de Saint-Zénon n'avaient jamais pratiqué cette sportive spécialité avant d'y être entraînés par des amis qui n'avaient traversé l'Atlantique que dans ce but. Leur *premier essai* date de quelques années. Lui musher, elle jouant la dame assise dans ses couvertures. Mais la piste tournait. Les chiens ont pris le virage, pas le musher. Le traîneau a heurté un bouleau et la Parisienne a plongé tête la première dans la neige.

Les Parisiens (surtout les Parisiennes) ne sont pas gens à se décourager.

Deuxième essai : une randonnée de quatre traîneaux. Le guide conduisait le premier, moi, le dernier. Après une petite pause dans la forêt, le temps de repartir est venu. Les trois premiers traîneaux s'ébranlent. Je décroche mon ancre. Les chiens démarrent… sans moi. Leurs aboiements m'ont guidée, ils m'attendaient, 3 km plus loin ; 3 km en bottes dans une épaisse neige fraîche, c'est un autre sport !

Troisième essai : le guide, en pédagogue averti, tient à nous responsabiliser. Il nous délègue la tâche d'atteler les chiens, par paire, de part et d'autre du trait central, au bout duquel s'installe le chien de tête. Ce n'est sûrement pas ma faute, le trait devait être usé… Au bout de quelques kilomètres, le chien de tête s'est détaché pour rentrer à la niche, allégé de sa charge. Sans lui pour imposer les ordres de la musher à la meute, l'attelage s'embourbe. La solution ? Il suffit, à chaque croisement de sentiers (c'est fou combien il existe de sentiers dans le bois), d'ancrer le traîneau, de tourner les nouveaux chiens de tête dans la bonne direction, de reprendre le traîneau en main et de soulever l'ancre. C'est un peu long, mais cela apprend à ancrer !

Quatrième essai : les Parisiens de Saint-Zénon ont enfin trouvé leur juste place : spectateurs ! Ils ont assisté aux courses « Défi Taureau » en janvier, à Saint-Michel-des-Saints. Le spectateur observe les chiens sans souci, encourage les mushers sans se geler (boissons chaudes à portée de main) et il s'instruit.

Nous avons découvert l'origine québécoise du mot « musher ». Les conducteurs de traîneau, pour donner le départ à leur attelage, disaient « marche ». Déformé en anglais, l'ordre est devenu « mush » d'où « musher », l'homme qui marche avec ses chiens.

Les huskys doivent leur nom à la tribu des Chukchis du nord-est de la Sibérie qui se sont implantés en Alaska en 1908. On dit qu'ils sont nés de l'amour d'un loup et de la lune.

Le malamute d'Alaska est ainsi nommé à cause des Malhemiuts qui vivaient dans la région du golfe de Koltzebue au nord-ouest de l'Alaska. Probable premier chien indigène d'Amérique du Nord, il sort de l'anonymat vers la fin du XIXe siècle quand les chercheurs d'or utilisent sa puissance pour traîner leurs lourdes charges.

Les Groenlandais étaient les compagnons des chasseurs qui migrèrent de Sibérie au Groenland. Ceux-ci attachaient leurs chiennes en chaleur à distance du campement afin qu'elles soient couvertes par des loups.

Quant au Samoyède (absent de ces courses), il a suivi son peuple (les tribus samoyèdes), près de 1000 ans av. J.-C., des hauts plateaux d'Iran jusqu'au nord de la Sibérie où il était utilisé pour garder les troupeaux de rennes.

Qu'ils soient de race pure ou croisée, tous les chiens en compétition sont de magnifiques athlètes, entraînés au traîneau par de passionnants passionnés, foi de Parisiens (tête de chiens comme disent les autres Français !).

Les Parisiens-Zénoniens se lanceront-ils dans un *cinquième essai* ?

Pas de chiens, ils ont acheté un vieux traîneau et l'ont posé… dans leur salle à manger !

Quatre roues dans la gadoue

Dans le dictionnaire Robert le plus récent, il doit y avoir le mot «quad», comme on dit en français de France. Dans mon vieil exemplaire, il n'y a rien entre Q.I. et quadragénaire. Alors, j'ai ouvert le Harrap's anglais. À «quad», il propose deux possibilités: cadrat, un petit bout de métal jadis utilisé par les typographes pour laisser des blancs entre le mot[1] ou carré.

Il faut donc croire que c'est un carré que les Parisiens de Saint-Zénon ont chevauché. Pas étonnant qu'ils ne s'en soient pas tirés rondement!

D'autant que ces engins sont rarissimes à Paris. Certains avaient bien tenté d'en introduire, mais leur largeur est rédhibitoire dans les encombrements. On en entend sur quelques chemins, au grand dam des randonneurs ou sur l'estran, dommage pour les baigneurs.

À Saint-Zénon, difficile de se passer d'un «bicycle à quatre roues», ne serait-ce que pour atteindre, avec tout le matériel de pêche, un de ces lacs reculés, les seuls emplis de truites mouchetées. Un ami confiant a donc gentiment prêté son engin aux Parisiens. Les premiers essais, sur le rang, furent un jeu d'enfants. Les suivants, en été, sur de larges sentiers commodes leur ont donné une assurance excessive. Car l'envie vient très vite de s'aventurer sur des pistes plus rocheuses…

Le printemps arrive avec la fonte de la neige, la roche glissante, la terre détrempée. Casqués, encapuchonnés,

les Parisiens, fiers de leur savoir-faire décident de rejoindre une petite cabane à sucre, à quelques kilomètres au-dessus de leur rang. Ils n'y sont jamais arrivés! La roche glissante a glissé. La terre détrempée a collé. Le savoir-faire s'est vite dégradé. La crainte de détériorer le quatre-roues d'un ami s'est installée. Et l'engin s'est enlisé dans une ornière. Elle avait chaussé ses bottes de neige, pas lui. Il s'est embourbé dans ses chaussures de ville.

Les Parisiens de Saint-Zénon se sont vus incapables de s'en sortir seuls. Il est allé chercher de l'aide. Elle a gardé le quad. Le temps passant, l'idée lui est apparue : c'est le printemps, le temps du réveil des ours. Et voilà la Parisienne, seule dans le bois, chantant à tue-tête, histoire de prévenir les plantigrades que le territoire était occupé. Tout son répertoire y est passé, car il a fallu plus d'une heure à l'époux pour rallier l'ami et revenir. Les ours, s'ils dormaient, ont été réveillés et s'ils ont tenté d'approcher, ils se sont enfuis, les oreilles cassées. L'ami a dégagé le quad d'un seul coup d'un seul, s'est gentiment moqué et a laissé les Parisiens, beaucoup moins fiers, le reconduire jusqu'à son domicile.

L'engin rendu à son propriétaire, les Parisiens de Saint-Zénon se sont remis à la marche. C'est bon pour la santé et moins dérangeant pour… tout le monde!

1. *À l'origine, cet espace mesurait peut-être le quart d'un espace normal. Si quelqu'un le sait, qu'il le révèle.*

Haro sur les corneilles

Disons-le franchement, les Parisiens n'aiment guère les corneilles, ces gros oiseaux noirs du bec à la queue, qui se sont parfaitement adaptés à la ville. Depuis des années, les Français en général, et les Parisiens en particulier, vivent sous le régime du plan Vigipirate, un dispositif destiné à prévenir les menaces ou à réagir face aux actions terroristes. Parmi d'autres mesures, toutes les poubelles publiques ont été remplacées par des sacs de plastique transparents. Perchées à la cime des arbres, les corneilles observent les passants qui déposent leurs déchets, les enfants qui laissent les restes de leur goûter et, craillant inlassablement, elles percent ces sacs de plastique pour trouver de la nourriture et en répandent le contenu dans les allées des parcs et des jardins publics. Les jardins d'État ont résolu le problème des saletés répandues par les corneilles en installant des fûts transparents en plastique rigide sur les sacs plastiques des poubelles. C'est très laid. Et les corneilles, privées de déjeuner, matraquent encore davantage nos oreilles de leur voix désagréable.

Voilà où en étaient les relations entre les Parisiens de Saint-Zénon et les corneilles jusqu'à la découverte d'un nouvel élément négatif afférent à ces moroses oiseaux !

C'était en avril. Les Parisiens-Zénoniens croyaient en avoir fini avec le gros de l'hiver et les fortes chutes de neige. La terre était détrempée, les caniveaux débordaient, la fonte avait commencé. Mais, cette nuit-là, il y eut un grand bruit. Comme lorsque des paquets de neige tombent du toit, mais en beaucoup plus accentué. Et pour cause : c'était le toit tout neuf de la galerie à peine finie qui s'était affaissé sous le poids d'une neige mouillée et lourde, accumulée sur plus de soixante centimètres d'épaisseur en quelques heures. Un peu désappointés, les Parisiens qui se voyaient déjà, installés dans de confortables fauteuils, prenant le frais du soir, un verre à la main, avec les amis, à l'abri de leur galerie! Mais, lorsque, au magasin de bricolage où se sont retrouvés les nombreux villageois qui devaient réparer qui sa toiture, qui son garage, qui sa remise, ils ont appris de la bouche d'un Québécois «pure laine» qu'il s'agissait de la «tempête des corneilles», ils ont retrouvé leurs certitudes : encore ces sales bêtes!

Me tromperais-je? Il paraît qu'au Québec, les corneilles annoncent le printemps. Quand les premières corneilles craillent, criaillent ou graillent (comment dit-on ici?), le temps des sucres est arrivé. Voilà pourquoi, nous a-t-on expliqué, les dernières tempêtes de neige au printemps sont ainsi désignées.

Quoi qu'il en soit, après une tempête des corneilles, même si on en reste bouche bée, pas question de bayer aux corneilles! Non, ce n'est pas une faute d'orthographe. Cette expression du XVIIe siècle signifie rester bouche bée, ouvrir grand sa bouche et ses yeux et perdre son temps à regarder en l'air une chose aussi inintéressante que l'est une corneille pour un chasseur.

Et vlan pour les corneilles!

Casting de castors

Cherchant dans le dictionnaire le mot « castor », j'en ai appris de belles !

D'origine grecque, il signifie : briller, se surpasser. C'est parce qu'il s'est surpassé que, dans la mythologie, un fils de Zeus s'est appelé Castor, connu comme le frère de Pollux avec lequel il forme la constellation des Gémeaux, réputée des fervents du zodiaque.

Quel rapport avec l'animal ?

Castor, ayant sauvé sa sœur, devint le protecteur des femmes. Le castor sécrète une substance qui était utilisée dans les affections de l'utérus, de façon à protéger à son tour les femmes.

Mais, en ancien français, l'animal était nommé « bièvre », mot indo-européen très ancien qui signifiait brun. Je le savais et pour cause : Bièvre est le nom de la rivière au bord de laquelle (façon de parler) habitent les Parisiens de Saint-Zénon, ainsi baptisée en souvenir du temps où des castors s'y baladaient. Son court cours – 36 km – qui se jette dans la Seine (le fleuve qui traverse Paris), n'a pas joui d'une vie de long fleuve tranquille. Aujourd'hui, sa source jaillit à l'ombre de l'énorme siège d'une entreprise. Sa vallée s'enfonce entre deux plateaux ; l'un porte aérodrome, base militaire et centre commercial, sur l'autre siègent les techniciens de l'Atome. Cela n'est encore rien à côté de ce qui lui arrive lorsqu'elle entame son parcours en proche banlieue. Dans la ville des Parisiens-Zénoniens, on la voit encore serpenter dans un parc. Puis une roue de moulin marque la fin de sa vie sous le ciel. Entre 1850 et 1956, elle fut canalisée, couverte et mise à l'égout. L'empreinte des teinturiers, des tanneurs, des bouchers et équarrisseurs, ses usages industriels, lui avaient retiré la confiance des riverains. Elle est maintenant enterrée sous un écheveau d'axes routiers rapides où vrombissent plus de cent mille véhicules par jour. Dans Paris, seul le tracé courbe des rues qui la surplombent rappelle qu'au-dessous des pavés coule une rivière.

Pourquoi est-ce que je vous raconte l'histoire d'une rivière qui vous laisse normalement indifférents ?

Aujourd'hui, son destin change. On la soigne, on la fait revivre.

La Vallée de la Bièvre est devenue un site protégé, et ses zones naturelles ont été classées. Elle est maîtrisée par de nouveaux bassins paysagés. Plusieurs kilomètres ont été nettoyés. S'y égrènent des étangs qui attirent des oiseaux migrateurs. Une coulée verte longe en partie ses berges, avec sentiers pédestres et piste cyclable. On pense à rendre à la lumière, là où c'est possible, plusieurs kilomètres encore enterrés, dont 1500 m dans Paris. Déjà, des élus ont tracé une Bièvre symbolique sur vingt mètres de long, à l'emplacement de son ancien lit. Enfin, « notre Bièvre », épurée, a été réempoissonnée.

C'est alors qu'est venue à certains l'idée qu'on pourrait y réaclimater… des castors.

Les Parisiens de Saint-Zénon, ardents défenseurs de la nature se sont demandé s'ils n'étaient pas fous, leurs compatriotes Français de France.

À la courbe de notre rang, en Lanaudière, coule une rivière qui attire les castors. Dans son jardin sur la berge, une habitante avait planté des cerisiers. Il lui reste des allumettes. Un peu plus haut, une mare s'est vite transformée en résidence secondaire d'une famille de castors qui ont rongé le soubassement d'un mini chalet. L'un des rangs du village est un itinéraire risqué, il longe trois barrages de castors et le chemin forestier que nous empruntions à pied est coupé par un petit lac étagé.

Alors, les Parisiens de Saint-Zénon ont imaginé des rongeurs poilus gambadant à la brunante dans les jardins de leurs voisins soigneusement dessinés, leurs potagers ordonnés avec amour, leurs bouleaux et leurs saules pleureurs. Ils voyaient déjà ces bâtisseurs aquatiques chercher leurs matériaux parmi les pommiers et les poiriers, les cerisiers ou les abricotiers bichonnés.

Une chose est sûre : si le projet aboutit, si quelques couples de castors sont lâchés dans la Bièvre, d'ici quelques années, il faudra faire appel à des Québécois pour les éradiquer. Lanaudois, préparez-vous : non seulement on vous offrira le voyage, mais on vous rétribuera pour sauver ce qu'il restera de notre banlieue parisienne. Bienvenue !

Barbaque sur barbecue

Le mois de juin et ses longues soirées.

Autour de Paris, les banlieusards, qui ignorent l'existence des bibites, ont sorti leur barbecue. Au fil des rues, les jardins, qui le mois dernier embaumaient les roses et le chèvrefeuille, exhalent la côtelette de porc, la merguez ou la sardine grillée. Les fumées du charbon de bois ont remplacé les brumes vespérales.

Oui, du charbon de bois. La majorité des Français utilisent encore ce combustible réputé cancérigène au charme désuet : il fait « authentique » ! C'est ce qu'en français, on appellerait un « brasero » (pour cuire sur les braises), si les Français de France n'avaient adopté le franglais.

Les Parisiens de Saint-Zénon en sont, qui ne dédaignent ni andouillette ou rouelle de porc grillées, ni pommes de terre cuites sous la braise. Alors, en Lanaudière, dès leur galerie bâtie, ils se sont précipités chez Rona (publicité gratuite) pour acquérir un barbecue québécois, un modèle simple, mais fonctionnant au gaz. Ainsi équipés, ils se sont dirigés vers le rayon boucherie de l'épicerie la plus proche.

À la brunante, méprisant maringouins, mouches et autres spécialités volantes du coin, les voilà confortablement installés, prêts à déguster des poitrines de poulet marinées et juste colorées, puisqu'il n'y avait pas de charbon pour les noircir.

C'est à l'homme qu'il revient d'allumer le barbecue. Premier essai raté, deuxième raté, troisième, cinquième, dixième…

Il a fallu se rendre à l'évidence : ce barbecue ne fonctionnait pas. L'homme prend la situation et le barbecue en main et retourne chez le vendeur, armé d'une « humeur parisienne » et tenaillé par une faim de grillade insatisfaite. Il se retrouve confronté au sourire aimable, mais quelque peu narquois des vendeurs, étonnés que ce client n'ait pas songé à… remplir la bombonne de gaz !

En France, les bouteilles de gaz, réservées aux maisons isolées et, surtout, au camping, se vendent pleines. L'usager l'achète au supermarché ou à la station-service, prête à l'emploi et la rend vide pour en obtenir une nouvelle.

Fort de son nouveau savoir, le Parisien Zénonien a roulé jusqu'au garage, fermé pour cause d'heure tardive. La Parisienne a grillé les poitrines de poulet au four… à l'abri des bibites !

Et la météo a changé. La pluie s'est installée. Mais, la prochaine soirée de beau temps…

En attendant, Les Parisiens-Zénoniens ont fait une autre découverte. Le mot barbecue n'est pas vraiment anglais ! Il n'est qu'une traduction américaine du terme amérindien d'Haïti *barbacoa* qui désignait les piquets de bois où l'on accroche, au-dessus d'un feu, de la viande à sécher ou à fumer. Peu à peu, il a signifié rôtissoire puis bête rôtie en entier. Puis il a pris le sens d'un pique-nique où l'on rôtit en plein air des viandes accompagnées d'une sauce elle-même appelée « barbecue ».

Et, si vous rencontrez des touristes français, expliquez-leur que les bombonnes de gaz, ça se remplit.

Merci.

Joyeuses grillades!

Et glou et glou et glou

Les Français de Saint-Zénon ne sont ni vignerons, ni œnologues, ni sommeliers, ni commerçants en vins, ni poivrots, pochards, ivrognes, alcooliques.

Et, que ce soit dit clairement, la France n'a pas l'exclusivité des bons vins.

Mais, si quelque chose nous manque, dans notre belle Lanaudière, c'est ce nectar de vigne qui réchauffe le gosier dans la fraîcheur des soirs d'été ou rafraîchit le palais asséché par les discussions entre amis à la brunante.

Ce n'est pas que chez vous on ne boit pas.

Il y a la bière. Nous avons enfin appris que lorsqu'on nous donne le choix entre une Bleue et une Mol, c'est de bière qu'il s'agit. Vous l'aimez glacée. Nous la préférons à température ambiante pour sentir les arômes travaillés par les microbrasseries. Nous estimons qu'en Europe, la meilleure est la Belge, surtout celle des monastères (Vive les moines!). Les bières des microbrasseries québécoises sont goûteuses aussi et désaltèrent les randonneurs épuisés.

Il y a les Bourbons et les Rye whisky dans lesquels la plupart d'entre vous déposent des glaçons ou des sodas, ce qui ferait dresser les cheveux sur la tête d'un Irlandais ou d'un Écossais «pur malt»!

Il y a le cidre, le cidre de glace et le vin de glace plus chers qu'un bon Beaujolais, mais que nous serions sots de dédaigner.

Il y a le gin, glacé avec du tonic à l'apéritif ou chaud, au très petit matin de chasse.

Il y a le coca plus ou moins «diet» que vos voisins du Sud partagent avec le monde entier.

Mais la boisson, c'est de la culture et nos cultures sont différentes. Ne nous en veuillez pas, tout ça ne vaut pas, au goût des Français de Saint-Zénon, un verre de bon vin à bonne température!

Du temps où les douaniers nous laissaient apporter nos bouteilles, nous avions commencé à «monter» une cave (drôle d'expression pour un lieu qui se trouve en bas!). Mais, le terrorisme aidant, il est désormais interdit de transporter quelques bouteilles ailleurs que dans des bagages de soute où elles risquent fort la casse. Et la cave est bue.

Alors, nous faisons abstinence (dur, dur!) ou nous visitons une agence de la SAQ.

Un Gewürztraminer d'Alsace pour accompagner une tarte aux prunes, un Riesling pour les filets d'un doré juste pêché, un Pinot noir bien frais? Un Beaujolais (Moulin à vent, Juliénas, Chiroubles, Morgon) avec du fromage de chèvre, un Saint Amour le jour de la Saint-Valentin, un simple Beaujolais village avec une assiette de cochonnailles? Voilà des boissons qui ne se trouvent pas dans n'importe quelle SAQ! Jamais vu de vin jaune du Jura, délicieux avec une poularde de grain à la crème!

Des grands crus du Bordelais sont souvent à l'étalage : Graves, Médoc, Saint-Estèphe, Margaux, Saint-julien, Pomerol, Yquem et mon préféré : le Saint-Émilion parce que le village est tellement pittoresque… qui seraient fort agréables en même temps qu'une terrine de chevreuil et des cèpes. Un Bordeaux blanc avec une truite ? Les prix des produits importés paraissent exorbitants à des Français habitués aux tarifs hexagonaux. Même difficulté pour les vedettes de Bourgogne : Clos de Vougeot, Meursault, Chassane Montrachet, le meilleur des vins blancs secs, Pommard, Gevrey-Chambertin, Nuits Saint George, Vosne Romanée… Pas question, pour l'apéro avec les voisins, de préparer un Kir pour « faire glisser » des gougères ! Châteauneuf du pape, Gigondas, Vacqueyras sont rares et ruineux.

Restent quelques bouteilles de Touraine ou d'Anjou, le Cahors, le Gaillac, des rosés de Provence, des petits vins de pays qu'on boit volontiers frais, en pique-nique, abordables, mais onéreux pour leur valeur.

Arrêtons là de peur d'agacer, si ce n'est déjà fait.

En dépit de ces insupportables carences, de cette pénurie vinicole (heureusement, les vignerons californiens expédient leurs bons crus), les Parisiens reviennent sans cesse à Saint-Zénon, y séjournent de plus en plus. C'est qu'ils n'y sont pas si malheureux. Et qu'il n'y a pas que le vin dans la vie.

Par exemple, l'eau du rang est si limpide, si fraîche, si inespérée pour des citadins habitués au chlore ! Goûtez-moi ça, vous m'en direz des nouvelles ! (Comme on dit dans les bistrots devant un « ballon » de rouge.)

Pas d'inquiétude, sur les étals de Lanaudière, sur les chemins de campagne, dans les fermes «gourmandes», les Français de Saint-Zénon ont toutes les occasions de découvrir de nouvelles saveurs liquides et… de relancer le plaisir de trinquer avec les copains.

Et glou et glou et glou. À la bonne vôtre!

Pourquoi des bleuets dans des chaudières ?

En France, nous connaissons les bleuets. Il y a encore une quarantaine d'années, ils parsemaient les champs de blé. Aujourd'hui, les engrais chimiques en ont eu raison sur les terres cultivées. Leurs graines sont en vente dans les jardineries, leurs bouquets chez les fleuristes. Chez nous, les bleuets sont des fleurs, des centaurées bleues auxquelles la médecine populaire reconnaît la faculté, en infusion, de soigner les yeux.

À l'instar des coquelicots, couleur sang, qui fleurissent sur les revers des Québécois en novembre, le « Bleuet de France » est un symbole de mémoire et de solidarité.

Il est la marque du souvenir des générations du feu. Au lendemain du premier conflit mondial, deux femmes, Charlotte Malleterre, fille du général gouverneur de l'hôpital national des Invalides, et Suzanne Lenhardt, infirmière, proposèrent aux soldats de la Grande Guerre, soignés aux Invalides, une activité artisanale, dérivatif à leur désoeuvrement forcé et source de revenus complémentaires. Comme symbole de mémoire, elles choisirent le bleuet, en souvenir de ces très jeunes gens partis en uniforme bleu horizon et que leurs aînés vêtus encore d'un pantalon rouge garance avaient surnommé « les Bleuets ». Le Bleuet de France est vendu sur la voie publique chaque 11 novembre et 8 mai. Le produit de sa vente est utilisé en faveur des anciens combattants et des victimes de la guerre.

Aussi, la première fois qu'un Lanaudois pure laine a proposé aux Parisiens de Saint-Zénon d'aller ramasser des bleuets, ils se sont excusés, ne disposant d'aucun vase!

Vos bleuets, nous les appelons «myrtilles». Nous les cueillons en montagne, les dégustons volontiers avec de la crème ou en garnissons des tartes. Les Français en font aussi du sirop et, bien sûr, de l'alcool.

Fin de la première étape.

Lorsqu'un été, une voisine amie a invité les Parisiens-Zénoniens à la cueillette des bleuets, forts de leurs connaissances linguistiques, ils ont accepté avec gourmandise… et préparé deux petites boîtes de plastique.

Alors s'est révélée la deuxième étape lorsque l'amie nous a interrogés: «Vous n'avez pas de chaudière?» «Non, a répondu le Parisien, juste un poêle à bois.» Complète incompréhension.

Pour les Français de France, une chaudière est un appareil qui transforme de l'eau en vapeur pour fournir de la chaleur. On parle des chaudières de bateau à vapeur, d'anciennes locomotives, d'une centrale thermique ou nucléaire. Pour chauffer notre maison de banlieue parisienne, nous employons une chaudière à gaz, nos voisins, à mazout.

Il est logique de nommer chaudière un récipient où l'on fait chauffer des aliments (ce que nous appelons un chaudron s'il est métallique), il suffit de le savoir!

Enfin nantis de la sémantique adaptée, les Parisiens cueillent avec leurs amis quantité de bleuets chaque été.

Oubliant tours de reins, brûlures du soleil, rencontres d'ours gourmets et vêtements tachés, ils en remplissent… de très nombreuses petites boîtes de plastique étiquetées et rangées dans leur congélateur.

Et, à Saint-Zénon, chaque matin, même au cœur de l'hiver, leur petit-déjeuner est agrémenté de myrtilles, pardon, de bleuets qui soignent, dit-on, le diabète, l'eczéma, les troubles de la vue, les diarrhées et… les Parisiens!

Les champignons, c'est bon !

Certains voient en nous des rescapés. D'autres sont convaincus qu'un jour ou l'autre, nous mourrons intoxiqués. Beaucoup nous prennent pour des inconscients. Et quelques-uns s'interrogent sérieusement sur notre éventuelle immortalité. Il est vrai que nous venons d'un autre monde, un monde où l'on se délecte de champignons sauvages.

Aucun de nos amis québécois, de Lanaudière ou d'ailleurs, n'accepte de partager nos mets forestiers qui se marient pourtant si bien avec les viandes sauvages que contiennent tant de congélateurs. Si : un seul. Ce Québécois courageux s'était joint à notre groupe de sept Français (preuve de son courage) pour la grande traversée pédestre de Charlevoix. Au bout de cinq jours de marche entrecoupée de ramassages joyeux, de dîners succulents dont il s'abstenait et de réveils qui nous dressaient en pleine forme, il a craqué, goûté et… aimé au point de rapporter la dernière cueillette à sa blonde.

Quand les Parisiens de Saint-Zénon marchent en forêt, ils cherchent des champignons ; c'est un réflexe acquis dès l'enfance par la plupart des Français.

Même les Parisiens, lorsqu'ils partent en randonnée dans une des forêts qui entourent la capitale, se munissent d'un bâton pour soulever les feuilles mortes, d'un couteau pour déterrer les champignons, d'un panier pour rapporter les meilleurs et d'un sac en plastique dans lequel déposer les inconnus dont ils souhaitent découvrir nom et propriétés.

Il existe environ 25 000 espèces de champignons sauvages et beaucoup se retrouvent en Lanaudière. Une chose est sûre, bolets et chanterelles ne sont pas absents de Haute-Matawinie et les Parisiens ont repéré les bons coins… en attendant de dégotter morilles ou trompettes de la mort. C'est qu'à la cueillette, on ne se bouscule pas! Et nos copains de France nous jalousent, obligés de se lever dès l'aube pour ramasser leur dîner avant l'affluence. Nous, nous ne sommes pas pressés de voir affluer les mycologues. Oui, les Parisiens de Lanaudière vous sauront gré de vous contenter de ces champignons de couche, cultivés, qu'on appelle «champignons de Paris» et qui, à notre avis, n'ont guère de goût si ce n'est cuisiné avec de la crème et du cidre ou encore à la grecque.

Ceux de Paris pour les Lanaudois et les sauvages pour les Parisiens; en voilà un bel échange culturel et culinaire!

Comme l'a soutenu l'écrivain Hervé Bazin (Vipère au poing, Le cri de la chouette, etc.): «Les champignons ressemblent aux péchés: pour les déguster, il faut prendre des risques.» Et les péchés, parfois mignons, les Parisiens-Zénoniens en commettent pas mal! Pas vous?

Petits conseils

«Tu ne connais pas, tu ne touches pas.» Ne ramassez pas d'espèces inconnues. Ne récoltez que les champignons dont vous êtes absolument sûr. Laissez aussi sur place les champignons comestibles abîmés, trop vieux ou trop jeunes qui sont plus difficilement reconnaissables.

Cueillez le champignon en entier, ne le coupez pas, vous pourriez laisser en terre la volve, ce petit sac qui entoure le bas du pied de certains et facilite leur reconnaissance.

Pour débuter, allez aux champignons avec un bon connaisseur ou une association qui organise des cueillettes pour apprendre à les reconnaître. En France, beaucoup de cueilleurs passent chez le pharmacien pour vérifier l'innocuité de leurs champignons.

Les intoxications, les plus dangereuses, souvent mortelles, sont dues à l'amanite phalloïde, à l'amanite vireuse et à l'amanite printanière. Il est donc important d'apprendre à les reconnaître : lamelles blanches, anneau autour du pied, volve. Quant à l'amanite tue-mouche, tout à fait déconseillée, elle est reconnaissable à son beau chapeau orange rouge semé de points blancs.

Et, cette réflexion de Coluche : « Le champignon le plus vénéneux, c'est celui qu'on trouve dans les voitures. »

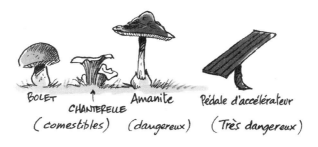

BOLET
CHANTERELLE
Amanite
Pédale d'accélérateur
(comestibles)   (dangereux)   (Très dangereux)

Feuilles de température

Avouons-le : la Parisienne-Zénonienne n'est pas une « toque » bien que certains la croient un peu toquée. Elle cuisine avec plaisir, mais ses repas ne sont pas à la hauteur d'un restaurant gastronomique, simplement semblables à ceux de n'importe quelle mère d'une famille gourmande.

Elle fait parfois face à quelques réclamations : lorsqu'elle cuit des papillotes dans une cocotte-minute et que l'aluminium du papier alimentaire se dépose, par électrolyse, sur les aliments. Il lui est arrivé de confondre sucre en poudre et sel pour assaisonner une compote. Ses gâteaux au chocolat ne sont pas toujours « juste moelleux ». Pourtant, le conjoint ne souffre d'aucun trouble gastrique. Les enfants, qui ont quitté la maison, honorent les déjeuners du dimanche et les amis les dîners de retrouvailles. La table familiale reste l'entremetteuse de l'amitié et le témoin de bons moments… à Paris surtout et… jusqu'à présent !

Car à l'envers du décor, il y a le fourneau. Alors qu'en France il se règle en degrés Celsius, en Lanaudière, il fonctionne en degrés Fahrenheit !

Et le physicien Daniel, Gabriel Fahrenheit, inventeur de l'échelle de température qui porte son nom, n'est pas encore entré dans l'intimité des Parisiens de Saint-Zénon. Sans exagération, on peut même dire qu'il les perturbe sérieusement.

Car, depuis leur plus tendre enfance, ils sont adeptes de l'astronome suédois Anders Celsius, grand observateur d'aurores boréales et constructeur du thermomètre qui lui assura une gloire à l'échelle mondiale, ou presque. Car, dans le monde, il y a… des Anglais et, partant, des Américains.

Et le drame culinaire se met en place. Imaginez la Parisienne plaçant au four un filet mignon, une tarte au sucre d'érable ou de simples pommes de terre.

Première étape : retrouver son livre.

« Côté Fahrenheit, les deux points extrêmes du thermomètre sont la chaleur de l'eau bouillante : 212 °F et la solidification d'un mélange d'un volume égal de chlorure d'ammonium et d'eau : 0 °F. Entre les deux, 100 °F correspond à la température d'un cheval en bonne santé et 32 à celle où l'eau gèle.

Le thermomètre de Celsius est gradué de telle façon que 100 correspond au point d'ébullition de l'eau sous la pression d'une atmosphère au niveau de la mer, et 0 au point de congélation. »

Lecture aussi instructive qu'inefficace pour obtenir de belles patates bien dorées. Le four est toujours éteint et les pommes de terre crues.

Alors interviennent les feuilles de conversion des températures.

« Conversion des degrés Celsius en degrés Fahrenheit : Degré Fahrenheit = (9 x degré Celsius)/5 + 32 Exemple avec la valeur de 20 °C : Degré Fahrenheit = (9 x 20)/5 + 32 soit : 180/5 + 32

soit : 36 + 32 = 68
Donc 20 °C est l'équivalent de 68 °F.

Conversion des degrés Fahrenheit en degrés Celsius :
Degré Celsius = 5 (degré Fahrenheit - 32) / 9
Exemple avec la valeur de 68 °F :
Degré Celsius = 5 (68 - 32) / 9
soit : 5 x 36 / 9 soit : 180 / 9 = 20
Donc 68 °F est l'équivalent de 20 °C. »

La Parisienne n'ayant pas – mais pas du tout – la bosse des maths, pendant de longs mois, la table de Saint-Zénon a porté des pommes de terre brûlées, des tartes tantôt mal cuites, tantôt carbonisées, des tranches de viande qu'il fallait repasser à la poêle. Sans parler des apéritifs qui se prolongeaient en attendant que le repas soit enfin prêt.

Le temps coulant, les pense-bêtes (en français de France, on dit « post-it ») collant sur le comptoir, les plats ont peu à peu pris une allure normale… à Saint-Zénon.

Car, les séjours lanaudois s'allongeant, le retour aux degrés Celsius présente désormais quelques ratés. Les tranches du premier rosbif, au retour, ont eu des allures de vieilles semelles.

Fahrenheit, Celsius, entre les deux nos estomacs balancent et nos plats ballottent.

Nous jurons. Vous sacrez.

Bouchons (congestions) sur les autoroutes, voyages de pêche, bricolages dans la maison, constructions annexes sur le terrain, défrichage ou simples conversations (les échanges à propos de la politique sont toujours fructueux), le vocabulaire des Parisiens de Saint-Zénon s'est pas mal enrichi!

Car, fichtre, dans ce domaine, vous êtes remarquables.

Les Français de France, quand ils sont en colère, indignés ou simplement surpris, s'appuient sur la scatologie. Leur gros mot le plus utilisé a cinq lettres et vient du latin *merda* qui signifie excrément. Pour éviter de le prononcer, certains montrent les cinq doigts de leur main ou transforment le terme en «mercredi». Les amateurs d'histoire le remplacent par «Cambronne», allusion à une réplique de ce général de Napoléon aux Anglais qui le sommaient de se rendre, en juin 1815, à Waterloo. Faisant partie du dernier carré de la «vieille garde», il aurait d'abord affirmé: «La garde meurt et ne se rend pas» avant de leur adresser son fameux mot. Mot qu'il convient de prononcer tel quel, dans sa forte nudité (sinon, ça ne marche pas) lorsqu'il s'agit de porter chance lors d'un examen, d'un entretien d'embauche, d'une partie de chasse ou de foot.

À côté de ce «must», les «crotte», «crotte de bique», «chiotte» (équivalent de vos bécosses) ou «saloperie» font pâle figure. Nous évoquons aussi la sexualité avec les maisons de prostitution (b----l) ou leurs hôtesses (p-----n), parfois transformée en «purée». Restent les «bon sang», «bon sang de bois», «bon sang de bonsoir» et l'agricole:

«la vache!». Mais pour les mots évoquant la religion, nous ne vous arrivons pas au genou, même plié sur un prie-Dieu. Nous nous adressons directement au «Bon Dieu», au «Seigneur», à sa «bonté divine», au «doux Jésus», à la «Bonne Mère» avec, obligatoirement, l'accent de Marseille ou carrément «au diable», parfois transformé en «diantre». Et, le plus souvent le nom divin s'efface sous les «nom d'une pipe» et «nom d'un chien».

Décidément, zut de zut, votre culture en ce domaine est inégalable et les maudits Français de Saint-Zénon ne se risquent pas au ridicule d'utiliser des sacres qu'au bout de plusieurs années de plongée chez vous, ils ne maîtrisent toujours pas. Flûte!

Car vos sacres sont de réels témoignages de l'héritage religieux du Québec et de l'influence de l'Église dans votre histoire.

Un livre fort sérieux paru aux Presses universitaires du Québec affirme que «le sacre qui équivalait jadis à une profanation, est devenu une habitude qui brise les normes du langage afin d'accorder la langue à la vie quotidienne». À l'aide des plus récents développements de la linguistique, les auteurs définissent le sacre comme «un juron, distinct du blasphème, de la malédiction, de l'imprécation, du serment et de l'invocation». Ouf!

Beaucoup moins savants, les Parisiens-Zénoniens ont au moins deux raisons d'être admiratifs. D'abord vous faites preuve d'une créativité extraordinaire pour déguiser les mots. Nous avons mis du temps à reconnaître votre «vaisselle» derrière «barouette», «barnaque à deux étages», «cinclème» ou «c'est beau en criss». Surtout, votre capacité à combiner

les sacres relève de l'art, vous permettant non seulement
de dire une douleur indicible ou d'exprimer des sentiments
inexprimables, mais encore de faire état d'un seul coup de
la diversité de vos émotions.

« Maudit c____e de t_____k », « h____e de c____e de
t_____k », « saint c____e de t_____k » ou encore
« h____e de c____e de saint-s_____t » et l'extraordinaire,
car il y faut de la maîtrise « c____e d'h____e de c_____e
de t_____k d'h____e de c____e de sainte v____e ».

Pas de mauvais procès. Que ce soit clair : les Zénoniens ne sont pas plus spécialisés que les autres Québécois. Les Parisiens de Lanaudière ont ramassé leur récolte un peu partout chez les Canadiens francophones. Saperlipopette, il faut voyager pour se cultiver !

Et voici des jurons en chanson :
La ronde des jurons
Paroles : Georges Brassens
Musique : Georges Brassens
1958© Editions musicales 57

Voici la ronde des jurons
Qui chantaient clair, qui dansaient rond
Quand les Gaulois de bon aloi
Du franc-parler suivaient la loi
Jurant par-là, jurant par-ci
Jurant à langue raccourcie
Comme des grains de chapelet
Les joyeux jurons défilaient

Tous les « morbleus », tous les « ventrebleus »
Les « sacrebleus » et les « cornegidouilles »
Ainsi, « parbleu », que les « jarnibleus » et les « palsambleus »
Tous les « cristis », les « ventres saint-gris »
Les « par ma barbe » et les « noms d'une pipe »
Ainsi, « pardi », que les « sapristis » et les « sacristis ».
Sans oublier les « jarnicotons »
Les « scrogneugneus » et les « bigres » et les « bougres »
Les « saperlottes », les « cré nom de nom »
Les « pestes », et « pouah », « diantre », « fichtre » et « foutre »
Tous les « Bon Dieu », tous les « vertudieux »
« Tonnerr' de Brest » et « saperlipopette »
Ainsi, « pardieu », que les « jarnidieux » et les « pasquedieux ».

124

Quelle pitié
Les charretiers ont un langage châtié
Les harengères et les mégères
Ne parlent plus à la légère
Le vieux catéchisme poissard
N'a guèr' plus cours chez les hussards
Ils ont vécu, de profundis
Les joyeux jurons de jadis

Tous les « morbleus », tous les « ventrebleus »
Les « sacrebleus » et les « cornegidouilles »
Ainsi, « parbleu », que les « jarnibleus » et les « palsambleus »
Tous les « cristis », les « ventres saint-gris »
Les « par ma barbe » et les « noms d'une pipe »
Ainsi, « pardi », que les « sapristis » et les « sacristis ».
Sans oublier les « jarnicotons »
Les « scrogneugneus » et les « bigres » et les « bougres »
Les « saperlottes », les « cré nom de nom »
Les « pestes », et « pouah », « diantre », « fichtre » et « foutre »
Tous les « Bon Dieu », tous les « vertudieux »
« Tonnerre de Brest » et « saperlipopette »
Ainsi, « pardieu », que les « jarnidieux » et les « pasquedieux ».

Belles avec l'huile essentielle

Les fêtes de fin d'année approchant, les magazines féminins multiplient les conseils esthétiques pour que leurs lectrices s'y présentent aussi étincelantes que des guirlandes sur leurs sapins. Les pages beauté et les publicités pour les cosmétiques s'accumulent.

La Parisienne de Saint-Zénon n'y est pas indifférente. Elle s'interroge : Les Lanaudoises auraient-elles un secret ?

Elle fouille les mensuels québécois. Ils proclament les mêmes miracles que les pages de leurs confrères français.

Crèmes pour le visage, de jour, de nuit, gommantes, exfoliantes, micro-abrasives, restructurantes, micro-perlées, modelantes, rééquilibrantes, rénovantes, nutritives, lissantes, hydratantes, antioxydantes, stimulantes, accélératrices d'éclat, etc.

Les unes contiennent des molécules dotées d'un pouvoir de régénération qui offrent une nouvelle jeunesse à la peau. D'autres sont de véritables soins salvateurs qui défient les mécanismes du vieillissement et offrent une cure réparatrice de choc requinquant en un clin d'œil les épidermes harassés. Vous rêvez d'une peau plus lumineuse ? Adoptez un gel aux atocas, un baume au caviar. (Si la Parisienne avait du caviar, ce n'est pas sur sa peau qu'elle l'étalerait!) Réactivez le renouvellement cellulaire de votre visage pendant votre sommeil avec la crème « Truc ». Traitez les rides et les taches de vieillissement avec les huiles essentielles « Machin ». Donnez à votre peau une apparence ferme, jeune, élastique et lumineuse et stimulez ses défenses naturelles avec le gel «Bidule». Protégez votre visage contre les agressions grâce au nettoyant moussant «Chose». Une marque piège les radicaux libres pour que votre peau s'éveille lisse et reposée. Une autre agit comme un véritable bouclier contre les facteurs du vieillissement. Une troisième propose toute une ligne de produits bio si purs, si simples. Et toutes affirment que leurs produits sont testés sous contrôle dermatologique, soumis à des tests d'allergie, recommandés par des experts. Tout cela, parce que… nous le valons bien!

Alors la question revient : Comment font les Lanaudoises? À bien les observer, d'avril à la moitié de l'été et parfois davantage quand les nuages déversent leurs averses, elles s'enduisent le visage… d'huile à mouches. La Parisienne de Saint-Zénon s'attache à les imiter, suivant les conseils des guides touristiques qui affirment : «Face aux redoutables bestioles, il est prudent de se munir d'anti-moustique à forte concentration de «deet». Un été, en Lanaudière, l'encéphalite équine de l'Est a frappé. Cette maladie, rare, se contracte uniquement par un moustique. Les responsables de la santé ont donc rappelé très sérieusement que, pour s'en prémunir, il fallait porter des pantalons, des manches longues et s'enduire de répulsif à moustiques.

Le choix des produits est impressionnant. Huile à mouches rouge, huile à mouche verte, stop moustiques à l'eucalyptus, à la citronelle et autres ingrédients d'origine naturelle et issus de l'agriculture biologique, mais peu efficaces.

Celui qu'emploie la Parisienne-Zénonienne a fait ses preuves auprès des gens de la place. Cette lotion répulsive est capable de repousser les mouches piquantes d'érable, les mouches noires, les mouches à chevreuil, les maringouins, les tiques et autres bibittes. Elle contient le fameux deet, des toluamides, du propylène glycol, de l'imidazolidynil, de l'hydroxybenzoate de propyle et des tas d'autres produits avec des x, des y et des z. Mais c'est écrit dessus, il faut ne l'appliquer qu'en petite quantité à renouveler toutes les six heures en évitant tout contact avec les yeux et la bouche, ainsi que la garder hors de la portée des enfants. Quant à l'odeur, mieux vaut ne rien en dire et s'imaginer à la place de la belle femme de la publicité qui se contente de son «parfum pour seul bijou».

Les bibites aiment particulièrement les Français de France et finissent toujours par trouver le coin de peau qu'ils ont oublié de protéger. Alors s'ajoutent à ces soins spéciaux de la peau les crèmes et gels anti-démangeaisons qui soulagent, mais doivent aussi éviter le contact des yeux et sont interdits aux jeunes enfants.

L'essentielle huile à mouches serait-elle l'atout caché qui, telle l'huile d'argan des Marocaines, lisse l'épiderme des Lanaudoises?

Pour trouver la clef du mystère, les Parisiens de Saint-Zénon vont continuer à prendre l'air de Lanaudière, même avec les bibites. L'air, bien moins pollué (voilà un bout du secret) que celui de Paris. Lanaudière, une région où, derrière la beauté même ridée des visages, ils trouvent souvent la beauté des cœurs.

Dans de beaux draps !

En France, janvier est le mois du blanc.

Pas de la neige bien que de nombreuses régions de montagne en soient recouvertes.

Notre blanc, c'est le linge de maison : serviettes de toilette, nappes, torchons et draps.

Tout commence en 1852 avec Aristide Boucicaut, l'inventeur du premier grand magasin : le « Bon Marché » qui existe toujours sur la rive gauche de la Seine, à Paris. Boucicaut avait, sur le commerce, des idées novatrices. L'entrée était libre, la clientèle pouvait flâner entre les rayons et toucher les marchandises. Les produits exposés étaient multiples, les prix fixes, la marge bénéficiaire réduite, les achats échangeables ou remboursables. La publicité soutenait le magasin. Et des ventes spéciales étaient organisées. Ainsi Boucicaut a-t-il créé la grande vente du « blanc » de fin janvier à début février.

Cette aventure du « Bon Marché » a servi de modèle à l'écrivain Émile Zola pour son roman *Au Bonheur des Dames* paru en 1883, onzième volume de la série des Rougon-Macquart. L'histoire se déroule à Paris entre 1864 et 1869 et raconte la lutte à mort engagée entre le petit commerce traditionnel et le grand magasin « Au bonheur des dames » dont l'ascension est irrésistible. À sa tête, un jeune patron, Octave Mouret, qui a tout compris des mécanismes nouveaux des affaires. Publicité, étalages, décoration, technique de vente, tout a été mis au point pour attirer les clientes. Les trois grandes parties du livre se terminent chacune par une grande vente assortie d'une description de la foule que Mouret contemple du haut son poste d'observation : l'escalier central. La troisième, en février 1869, est une grande vente de blanc. La foule, dès le matin, envahit le magasin. La recette est de plus d'un million de francs.

Quel rapport avec les Parisiens de Saint-Zénon ? Comme beaucoup de Français qui acquièrent une maison de campagne (un chalet), ils y ont apporté leur surplus de « blanc », tout particulièrement les parures de lit dont ils n'avaient plus l'usage depuis que les enfants, devenus grands, ont quitté la maison. Quand on a trop de draps d'un côté de l'Atlantique, inutile d'en acheter de l'autre côté.

Raisonnement simpliste d'une Française de France qui, pourtant, avait déjà goûté au bien-être de vos larges lits et s'est retrouvée dans une situation critique.

Passons sur les lits à une place. Leurs dimensions au Québec et en France ne sont pas identiques, mais on se débrouille soit en tirant au maximum sur les draps extensibles soit en les bordant de linge de lit français à deux places. Aucun de nos hôtes célibataires ou esseulés ne s'est encore plaint.

Pour les lits à deux places, l'exercice se complique. Il semblerait qu'en France, nous aimions nous serrer, nous rapprocher jusqu'à nous toucher, nous blottir l'un contre l'autre, voire nous coller. Cette chronique n'ayant aucune vocation érotique, je m'arrête là.

Alors, côté couchage de nos invités en couple, nous avons cédé aux dimensions québécoises et acheté la literie correspondante. Nos amis ne se figurent pas, lorsqu'ils s'étendent, la somme de profondes réflexions que ce choix a supposée. Mais côté Parisiens de Saint-Zénon, nous avons joué les Gaulois rebelles, les mauvais coucheurs. Répondant à l'invitation de la chambre de commerce d'acheter au village, nous avons demandé à un artisan Zénonien de nous façonner un « plumard » aux normes françaises. À l'heure du coucher, nous nous vautrons dans nos vieilles couettes et nous endormons, heureux dans nos vieux draps.

PS : En camping, lorsque vous dormez dans vos « sleeps », surtout si vous vous glissez dans un « sleep » pour deux, précisez aux Français de France l'orthographe du mot. Cela pourrait prêter à confusion…

Vos mots qui nous parlent

Au début, il faut l'avouer, les Parisiens de Saint-Zénon ont éprouvé quelques difficultés à partager les conversations avec les villageois. Ils frissonnent encore au souvenir d'une soirée au cours de laquelle, ils se le sont confié plus tard, ni l'un ni l'autre ne comprenaient de quoi les entretenaient leurs hôtes. Depuis, les choses ont évolué et ils ne sont pas peu fiers de leurs capacités quasi bilingues bien que leur laine de québécois d'adoption soit très loin d'être pure.

Coudon : On était icitte pour une belle secousse quand le Québec au complet est tombé en vacances de la construction. Not chum de l'aut' bord de la rivière, toujours prêt à se bâdrer pour des voisins mal pris, a faite les cheveux dans la cour. Fait que, nous, on avait juste à peinturer la galerie pour jaser avec les placoteux du rang en confort, boucaner de la viande sur le BBQ pis se pogner le cul en écoutant des tounes.

Au temps de la pêche, avec not gagne, on a chauffé au nord du nord jusqu'au Goin. C'est pas à porte : 5 heures de gravelle en haut de l'asphalte à travers des milles carrés d'épinettes ; tout ça avec tes camisoles, tes bobettes, tes bas, tes chandails, les débarbouillettes (pourtant y a pas de cygne pantoute), les sleeps et la bouffe remisés dans des boîtes à cause que la poussière rentre partout. À part de d'ça, faut aussi le becycle à 4 roues. Avec les problèmes de la foresterie, plus besoin de se tasser pour laisser passer les treuks, mais une chance que nos tires aient pas fait de flat et qu'on n'a pas pété not' oinchille. ! Tu peux juste gazer à Parent, vers la traque de la Canadian national et ça t'coûte pas mal de petits verts. Une fois ton poisson pogné, faut le déplumer et le préparer pour le congélateur. C'est de la grosse besogne et comme on rentre à la brunante, pas le temps de niaiser. Mais maudit que c'est bon le doré!

En bout de ligne, on est allé aux bleuets dans la savane. On a rempli une frizeure et deux chaudières. C'était l'fun.

Pis l'automne s'en vient avec le temps de la chasse. Pour caler l'orignal, faisait trop chaud et ben des chasseurs ont baisé le cul de la vieille sans voir un seul buck depuis leur ouache. Ça a pas trop mouillé et les couleurs étaient belles en diable. Les voiliers d'outardes sont passés, un spectacle enlevant.

Le temps se crosse. À date, la première neige est tombée, de la poudrerie. Les tempos sont montés. Fallu brasser la soupe, enfiler tuques, mitaines et bas de laine. Mais faut pas chialer, les pitounes de bois franc sont cordées, reste juste à les rentrer près de la fournaise. Le canard est déjà dessus. Fait frette la nuit même sous la douillette ou la courtepointe. Hommage au contracteur de la gratte!

Dépendant des hivers, mais on va prendre une chance de poser des collets pour piéger des lièvres. Avec des bines au lard et au sirop d'érable, c'est soutenant.

Maintenant qu'on est bien désenfargé de nos soucis, va falloir sacrer le camp, et retrouver les tours à bureaux où on se gratte les nerfs et on se met les yeux dans la graisse de bines. Une chance, mon boss appuie pas trop sur le piton. Pourvu que mon bazou parte sans le bouster le jour de mon envolée vers Paris. Pourvu que le puck roule pour moi!

Comme à tous les ans, on retournera pour une coupe de semaines au temps des fêtes jusqu'au temps des sucres, c'est officiel. Mon doux, y a pas personne dans la paroisse qui veut manquer un party de tire pour se sucrer le bec.

À nous les toboggans sur la pente de la trail de skidoo… et la patente pour pelleter la neige. Neveurmagne, assez de folleries. Scusez si c'est pas ben correct, j'ai dû me mêler quelque part, j'ai pas la tête à Papineau.

Si par hasard, vous rencontriez des Français de France quelque peu arrogants – c'est rare –, qui sourient en écoutant votre belle langue québécoise, ces mots que vous avez tant de mal à défendre, voici de quoi les laisser cois. Quelques richesses francophones contemporaines tirées du langage des jeunes de nos «quartiers» (les tiéquars): un bolo est quelqu'un qui prétend maîtriser son affaire et rate tout; un rébou est une personne ivre; le daron et la daronne sont le père et la mère; un garo est une cigarette; un Kisdé est un policier en civil (qui se déguise); un barge est fou; de la maille est de la monnaie; un bourge est quelqu'un de riche; parler cash, c'est être direct dans son langage; et kiffer c'est aimer quelqu'un. Ça déchire, non?

À chacun de faire entendre sa voix.

Futé, l'étendoir!

C'est un objet extraordinaire aux yeux des Français de
France, un objet que certains rapportent en guise de
souvenir de leur voyage au Québec, un souvenir utile qui
donne à réfléchir sur vos capacités d'adaptation concrète.
Pendant que nous élaborons des théories, vous agissez
dans la vie pratique jour après jour.

De bien grands mots pour une chose si simple?

Dans sa banlieue parisienne, lorsque la Française de Saint-
Zénon perçoit l'arrêt du ronronnement de la machine à
laver, elle saisit une large cuvette de plastique et y transvase
le linge propre. Puis, ployant sous le poids, elle transporte
draps, serviettes de toilette, vêtements mouillés au fond
de son jardin (disons 40 m, mais quand même, c'est
lourd!), sous l'étendoir, une corde à linge d'une quinzaine
de mètres. Là, elle empoigne le premier drap, l'étend sur
la corde, le fixe puis soulève de nouveau la lourde cuvette
pour la reposer un peu plus loin, là où la place est libre pour
le second drap. Et à nouveau soulever la cuvette, certes
de moins en moins pesante, pour les draps de bain, les
pantalons, les chemises et toutes les pièces de la lessive.
L'autre méthode consiste à laisser la cuvette de linge
propre sur le sol et à faire autant d'aller-retour qu'il y a de
pièces à étendre. La démarche est la même pour récupérer
le linge sec, moins lourd, mais tout aussi encombrant.
Or la Parisienne de Saint-Zénon n'est pas plus bête que
la moyenne de ses compatriotes qui n'ont pas encore
découvert… l'étendoir à poulie!

Car c'est lui l'objet de notre admiration, avec sa petite roue qui change tout.

Au début de son séjour en Lanaudière, la Parisienne de Saint-Zénon s'est contentée d'observer ces femmes qui, sans se déplacer, accrochaient leur linge en plein vent sous les rayons du soleil. Certaines à l'abri de leur galerie, d'autres juchées sur d'étonnantes plateformes de bois, au sommet d'un escalier bâti exprès. L'envie a frappé, ce méchant défaut qui fait peut-être bien partie des sept péchés capitaux. Elle s'y voyait déjà, là-haut, bien plus fière que sur le banc de la laverie automatique du bourg, à regarder tourner ses chaussettes.

Aussitôt une laveuse acquise, elle s'est précipitée chez Rona (publicité gratuite) pour acheter sa propre corde à linge à poulie. Encore fallait-il l'installer. Sans poteau d'Hydro, sans grands arbres proches autres que des sapins… Toute dépitée, la Parisienne!

De bons et compréhensifs voisins, propriétaires du terrain juste en face de son chalet, ont proposé le coin de leur remise. Désormais, la Parisienne de Saint-Zénon étend joyeusement son linge sans se déplacer d'un pouce, ou presque. Car le terrain des voisins est bien plus profond que son jardin parisien et l'étendoir, il faut l'atteindre… en portant tantôt sur les bras, tantôt sur la tête, une large, profonde et très lourde boîte de linge mouillé!

NB: En France aussi il existe des sécheuses!

Mais il sent tellement bon, le linge séché au vent. Surtout en Lanaudière, car en banlieue parisienne, l'odeur est assez moyenne!

À quelle heure l'apéro ?

Pastis, Pineau des Charentes, Floc de Gascogne, Pommeau de Normandie, Muscat, Montbazillac, Banyuls, Crémant d'Alsace, Sauternes, vin de paille, de pêche, de noix, Kir, gentiane, absinthe, punch, whisky écossais ou irlandais, cocktails ou simple coupe de champagne…

Un apéritif, plus familièrement un apéro, évoque d'abord un joyeux moment de convivialité. On se retrouve avec plaisir pour boire un coup en discutant, partager des nouvelles. C'est une pause, une occasion d'être ensemble pour échanger et faire plus ample connaissance.

Pourtant, au départ, ce mot désignait les médicaments « qui ouvrent les voies d'élimination ». L'apéritif était un terme de médecine qualifiant diurétiques et purgatifs. Ainsi buvait-on jadis au début du repas un vin de sauge ou un mélange de vin et d'épices comme le « viandier », l'alcool augmentant les effets des herbes.

Ce sens a disparu dans la première moitié du XIXe siècle au profit d'une autre valeur : ce qui « stimule et ouvre l'appétit ». Plus tard, le terme est devenu synonyme d'une boisson alcoolisée prise avant le repas dont le succès est dû, paraît-il, aux mœurs françaises !

Cela doit être vrai, car selon une récente enquête, près de 90 % des Français le prennent au moins une fois par semaine, lors des beaux jours, en plein air dans un jardin ou sur une terrasse, mais aussi l'hiver, au coin d'un feu. L'apéritif est donc servi avant le repas afin d'ouvrir l'appétit.

Voilà où le bât blesse.

Car les Parisiens de Saint-Zénon ont du mal à se faire aux heures des repas québécois.

La plupart des Français de France ont les mêmes horaires pour les mêmes repas, dictés par la journée de travail. Le petit-déjeuner se prend entre 6 h 30 et 7 h 30, le déjeuner (appelé dîner dans certaines régions) entre 12 h 30 et 13 h 30 et le dîner (ou souper) entre19 h 30 et 20 h 30, voir plus tard lorsqu'il est partagé avec des amis, précisément à cause du temps consacré à… l'apéritif.

Alors, les Parisiens de Lanaudière, même lorsqu'ils ne travaillent pas, sont des décalés invétérés! Ils ne savent jamais vraiment à quelle heure manger ni, du même coup, boire.

Lorsqu'ils lancent un «Venez donc boire un verre», dans leur idée, il s'agit d'un apéro vers 19 h/19 h 30. Mais pas dans celle de la majorité de leurs invités qui situent l'apéro vers 17 h 30/18 h, presque à l'heure du «goûter» des Français de France. Et si les Parisiens de Saint-Zénon, méfiants, précisent l'heure, leurs amis viennent pour l'apéritif… après leur souper!

Mais alors, à quoi sert le digestif, ces eaux de vie, marcs, liqueurs, «pousse-cafés», censés contribuer à la digestion?

Que de problèmes engendrés par l'alcool!

Pas d'affolement, ils se résolvent peu à peu grâce aux voisins du rang qui ont pris en main les Parisiens-Zénoniens. Sans doute lassés d'entendre: «À quelle heure ? », ils initient peu à peu ces étrangers en les invitant à un long apéro qui débute vers 18 h et le prolonge assez longtemps pour que le souper se situe entre leur propre horaire et celui des Parisiens.

De leur côté, les Parisiens de Saint-Zénon s'adaptent de mieux en mieux aux horaires zénoniens, soupant plus tôt, ce qui leur crée quelques difficultés à leur retour au pays.

Tout irait donc pour le mieux dans la meilleure des Lanaudière possibles si ces apéritifs allongés (non pas dans les verres, mais dans le temps !) n'avaient pour conséquence de boire… davantage, oh, juste un verre de plus. Or, on nous le répète assez : « L'abus d'alcool est dangereux pour la santé, à consommer avec modération ».

Oui, modération, pas madèration !

Jaune couleur locale

Qu'il fasse soleil ou qu'une brume humide recouvre champs et bois, que tombent les feuilles ou les flocons, sous la pluie, il passe à 7 h 15, repasse à 7 h 20, revient quand l'après-midi se meurt et disparaît jusqu'au lendemain. Les jumeaux des voisins en ont pour une heure. Une heure d'un grand tour de village dans les petits matins pour rejoindre l'école… à moins de 4 km.

En France, on dit que les vaches regardent passer les trains (bien plus nombreux qu'au Québec) et que les chiens aboient quand la caravane passe. À Saint-Zénon, les Parisiens rêvent au passage du bus scolaire!

Les enfants français bénéficient aussi d'un «ramassage scolaire» dans les campagnes, mais pas de cars aussi reconnaissables. Et ceux des villes, comme les petits Parisiens rejoignent leur école à pied, car elle n'est jamais très éloignée.

Les longs tubes jaunes, clairement identifiés ÉCOLIERS n'étaient pas totalement inconnus des Parisiens-Zénoniens. Au temps des enfants, les chambres recelaient quantité de jouets «Fisher-Price», achetés chez Toys "R" Us, comme on dit en France, dont les fameux bus jaunes aux «arrêts» rouges. Surtout, lors de voyages en Jordanie, en Syrie, au Liban ou en Turquie avec des amis, ils ont loué des bus jaunes pour se déplacer. C'est que, là-bas, des écoles religieuses en rachètent à bas prix aux États-Unis (ou s'en voient offrir). Et, comme l'argent manque, ces mêmes écoles les louent aux touristes pendant les vacances scolaires. Les Parisiens de Saint-Zénon ont ainsi été bringuebalés dans les sièges des écoliers de Pétra à Sidon, des rives de l'Euphrate à Istanbul.

Mais voir, chaque matin, le bus, ponctuel, foncer vers la maison d'à côté puis repartir pour un voyage en pays de connaissance récolter les écoliers du village jusqu'au fond des rangs les plus éloignés, c'est tout autre chose. Ils en voient du pays, les jumeaux des voisins, obligés de se lever bien tôt puisqu'ils sont les premiers à grimper dans un autobus encore vide, qui n'a pas le temps d'attendre. Les voyant partir, l'imagination de la Parisienne se met en route. Certains enfants doivent être sages comme des images et d'autres, turbulents, font sûrement les pitres. Le car ramasse les enfants prodiges et les cancres, ceux qui surgissent en courant et ceux qui attendent un bon moment sous un abri, celui qui fait la tête comme celui qui chante à tue-tête, ceux qui auraient préféré rester dans la classe passée et ceux qui voudraient déjà être au temps de «quand ils seront grands». Y révise-t-on les tables de multiplication, les mots de la dictée, les dates de la leçon d'histoire, les rivières pour la géographie? Quelqu'un souhaite-t-il, comme l'a souvent espéré la Parisienne, que la maîtresse soit malade et absente? Le chauffeur essuie-t-il des larmes? Partage-t-il des éclats de rire? Il doit bien en provoquer lorsqu'il enfile sa tuque rouge de Noël et que, pourtant chauve, il est coiffé de deux belles tresses blanches! Certain que, de temps en temps, il doit rappeler à l'ordre les plus bavards qui jailliraient facilement de leur place pour bavarder avec un camarade.

Car le seul, dans ce bus, qui ne mérite jamais 0 de conduite, c'est bien… celui qui conduit. Les Parisiens les observent ces hommes, ces femmes, des lèves-tôt, précis, sérieux et responsables. Ils les repèrent à leurs bus, garés à côté de chez eux, surveillés et bichonnés. Pas question qu'ils tombent brutalement en panne à l'heure fatidique du départ, or, l'hiver, ce n'est jamais gagné !

Hommage à ces chauffeurs de talent qui donnent envie de redevenir enfants.

Marche tout droit, tu t'en sortiras

Les Parisiens de Saint-Zénon, comme nombre de Parisiens, sont des randonneurs. Qui habite Paris marche. Les Parisiens marchent dans les rues parce qu'ainsi ils avancent souvent plus vite que les autos. Ils marchent dans les interminables couloirs du métro, grimpent des marches, dévalent des escaliers. Et, les fins de semaine, ils empruntent les sentiers de randonnée qui couvrent non seulement leur région, mais la France entière et toute l'Europe occidentale. Il y a les GR, chemins de grande randonnée balisés en rouge et blanc, les PR, chemins de petite randonnée, les boucles plus ou moins longues, les chemins locaux. Dix, douze kilomètres, parfois vingt, ou vingt-cinq et davantage. Il suffit de se procurer le guide des chemins et de suivre le balisage de l'itinéraire choisi et voilà un loisir agréable qu'on partage entre amis.

Mais lorsque ces mêmes amis arrivent en Lanaudière, l'exercice se complique. Il y a bien le sentier national en Matawinie, mais les hébergements n'étant pas organisés comme pléonasme pour la grande traversée de Charlevoix (100 km de bonheur!), le suivre oblige l'un des hôtes à jouer les taxis chaque matin et chaque soir pour emmener les marcheurs sur le site du départ et les reprendre le soir à leur arrivée. Cela dit, le sentier du mont Ouareau, celui du Massif, celui de l'Ours valent largement la peine. Les Parisiens de Saint-Zénon et leurs amis ont observé les oiseaux sur les sentiers de l'île de la commune à Berthier. Ils se sont baladés sur le sentier panoramique de la baie Dominique, au-dessus du réservoir Taureau. Ils ont parcouru le parc des chutes à Bull à Saint-Côme, traversé celui des chutes Monte-à-Peine. Ils ont randonné dans le secteur de Grande Vallée, près de Chertsey. Ils ont suivi les sentiers du Parc du Mont-Tremblant : lac de l'Assomption, chutes Croches, chute aux Rats, Carcan, Grandes Vallées… Ils ont marché de lac en lac dans la réserve de Mastigouche et découvert celle de Rouge Matwin. Et, bien sûr, ils cheminent chaque année sur les boucles du parc régional des Sept-Chutes de Saint-Zénon. Mais les Français s'étonnent : Pourquoi ces trottoirs de bois, ces escaliers-là où l'on pourrait grimper ? Pourquoi faut-il donner son nom à l'entrée ? Pourquoi suivre les pistes des quatre-roues et ne pas s'aventurer hors sentier ?

Comment expliquer aux amis de passage que la forêt, ici, ne ressemble pas vraiment à celle de leur pays ? Lorsque la Parisienne de Saint-Zénon était enfant, son père l'emmenait dans les plus vastes forêts des Alpes et du Jura et la prévenait : « Si tu te perds, ne t'inquiète pas. Marche tout droit et tu finiras par t'en sortir. » C'est que nos forêts les plus profondes sont des forêts aménagées, des restes, des lambeaux d'antan. Dans les forêts de Lanaudière, dans celle de Matawinie, on peut marcher tout droit, on ne s'en sortira pas !

Alors, les Parisiens de Saint-Zénon se sont aménagé quelques belles et longues boucles à partir de chez eux empruntant des chemins privés. Ils téléphonent aux propriétaires souvent étonnés et obtiennent toujours la permission de traverser leurs terres à pied.

Ainsi les Parisiens de Saint-Zénon se sont-ils peu à peu accoutumés aux randonnées lanaudoises ; tellement que, l'autre jour, en forêt de Rambouillet, à une cinquantaine de kilomètres de Paris, le couple escaladait des rochers lorsqu'a surgi une grosse forme noire pleine de longs poils. Le mari a crié : «Attention, un ours!» La Parisienne a bien rigolé et le pauvre chien s'est éloigné tout effrayé.

Un peu anglais en façade ou des pelouses au poil !

Le mot pelouse vient de l'ancien français *peleus* qui signifie « garni de poils », issu lui même du latin *pilosus* : pileux. Le passage au sens de « terrain couvert de gazon » s'explique par la comparaison avec un pelage. Le mot a d'abord désigné l'enceinte gazonnée située entre les pistes d'un champ de courses (on appelle encore un habitué des champs de courses un « pelousard »), puis le terrain sur lequel se pratiquent certains sports.

Quant au mot gazon, il a pour racine le haut allemand *waso*, qui désignait une motte de terre couverte d'herbe. Les Francs en ont même fait un terme juridique. Lors de l'investiture d'un fief, ils offraient au propriétaire une paire de gants et une motte de terre symbolisant la remise du terrain.

Si un gazon bien lisse soigneusement tondu rappelle l'aspect des poils, tout est dans le « soigneusement ». Et c'est là que Français et Québécois se différencient.

En France comme au Québec, du gazon, une pelouse en façade d'une maison font partie des agréments qui embellissent le décor quotidien. Mais il y a gazon et gazon…

Dans les banlieues parisiennes, nos terrains sont clos par des murs, des haies ou des grilles. Est-ce ce manque de visibilité donc de compétitivité entre voisins qui entraîne le « laisser-aller » de nos pelouses ? Celle des Parisiens de Saint-Zénon, quelque 60 m² entre le pavillon et le remblai du métro, recèle pissenlits, trèfles, boutons d'or, pâquerettes et des tas de mauvaises herbes qui servent de couvre-sol. Il arrive que des fourmis y fassent leur nid et que des hérissons y passent l'hiver. Mais les pelouses de leurs voisins ne sont pas plus rases, pas plus pures. Nous piétinons nos gazons, nous y défoulons et ils ressemblent à une pelouse comme la Parisienne à un mannequin de mode. Nos pelouses, pourtant refuges, sont comme contaminées par le chaos urbain. À vrai dire, le modèle est royal : un contrat de septembre 1675 signé par Colbert, contrôleur général des finances et surintendant des bâtiments de Louis XIV, portant sur des travaux de jardinage à effectuer à Versailles, précise que les tapis de gazon « seront fauchés quatre à cinq fois par an ». À la vitesse à laquelle le gazon pousse en Île de France entre mars et novembre, on devait faucher des herbes de 40 cm de haut à chaque fois !

Nous nous consolons en disant que nos pelouses offrent une certaine biodiversité !

Tandis qu'en Lanaudière, on se croirait… en Angleterre !

Attention : dans ce cas, il s'agit d'un compliment.

Vos gazons sont du genre aristocratique. Dénuées de clôtures, de haies ou de murets, les pelouses, en façade semblent unifiées et représentent comme une victoire sur la rude nature des bois alentour.

Mais quel travail pour en domestiquer les débordements !

À peine la neige fondue, on vous voit apporter des soins minutieux. Vous ratissez l'herbe jaunie, grattez, griffez la terre, scarifiez, aérez, régénérez, fertilisez, arrosez, tondez et retondez. La tonte semble, chez vous, comme un devoir de civilisé, un peu comme se raser pour les hommes, une question de propreté, de respect de l'autre qui nous laisse, nous les Parisiens-Zénoniens aussi cois que pantois.

C'est, dirait-on, une convention tacite (à moins qu'il ne s'agisse de rivalité) : chacun cultive son gazon et tous les gazons sont impeccablement verts et tondus à la même hauteur, composant un paysage villageois ou urbain paisible et pacifiant, gage de courtoisie et de sociabilité.

Que de labeur pour ce petit bonheur : une belle pelouse offerte à tous les regards !

Certes, l'herbe est toujours plus verte chez le voisin. Mais, quand même, les Parisiens-Zénoniens, ces étrangers venus du vieux continent fier de son passé, se sentent un peu barbares devant des Québécois plus raffinés, plus civilisés.

Comme ce Français fraîchement installé en Angleterre, émerveillé par le splendide gazon que son voisin soigne avec constance : « Dites-moi, voisin, combien de temps faut-il pour obtenir un gazon de cette qualité ? » Réponse : « Un peu plus d'un siècle. »

On craque pour vos recettes

La France est réputée pour sa cuisine, et il paraît que certains Québécois sont inquiets lorsqu'ils doivent recevoir des Français à leur table.

La Parisienne de Saint-Zénon l'affirme : ils ont tort.

Car certains de vos plats, originaux, sont inégalables.

Ainsi l'écureuil à l'orange de Rawdon. Il suffit d'avoir sur son comptoir deux gros écureuils, deux bardes de lard, quatre oranges, une carotte, deux échalotes et une tasse de vin blanc pour que deux heures plus tard, des Français de France soient si épatés qu'ils s'en tiennent cois. Pour le cuissot d'ours, c'est un peu plus compliqué. Il faut avoir douze heures devant soi pour faire mariner la fesse d'ours et un four assez large pour l'y faire rissoler. Quant à nos compatriotes du littoral méditerranéen, ils risquent d'être frappés de paralysie devant le surprenant ragoût de castor de Saint-Tropez, ainsi nommé à cause de l'indispensable huile d'olive au romarin dans laquelle l'animal doit mariner pendant… quinze jours. (Lanaudois, Lanaudoises, Québécois, Québécoises, prévenez les castors. S'ils émigrent à Saint-Tropez, ils ont tout intérêt à s'installer sur la propriété de Brigitte Bardot. Nul doute qu'elle se fera un plaisir de leur offrir les plus beaux arbres de son parc.)

De retour à Paris, la Française de Saint-Zénon peine à trouver les ingrédients nécessaires à la confection de vos recettes. Comment offrir à ses invités de l'émincé de caribou aux canneberges, un rôti d'orignal à l'oignon ? Comment initier de nouveaux adeptes à l'oie blanche aux pommes, à la tourtière du lac aux quatre viandes et à l'érable ? Vos secrets gastronomiques, ces incontestables succès, ne sont pas exportables. Et c'est bien ainsi. Un cassoulet n'est jamais aussi délectable qu'au coin d'un feu à Castelnaudary.

Pour partager ses expériences culinaires lanaudoises en famille ou avec ses amis, la Parisienne de Saint-Zénon se rabat sur les desserts, apparemment plus faciles à réaliser à condition d'emporter quelques boîtes de sirop d'érable. Ainsi, la tarte au sirop d'érable est devenue sa spécialité réclamée par relations et voisins, dont un canadien anglophone ignorant tout des cabanes à sucre. Mais là encore, les pièges attendent la Française au coin de sa cuisine. Un classique : la tarte aux bleuets. Il suffit de remplacer les bleuets par des myrtilles. Il faut quatre tasses de bleuets/myrtilles. Mais une « tasse » n'est pas n'importe quelle tasse ; elle correspond environ à 250 ml. Allez donc convertir des bleuets en millilitre ! Même exercice pour la farine, le beurre, le sucre. Une fois ces obstacles franchis, il faut encore se souvenir qu'une cuillère à café canadienne est une cuillère à thé française et qu'une cuillère à thé canadienne équivaut à une cuillère à café française. D'autant qu'en France, nos recettes ignorent les cuillères à thé pour se concentrer sur les cuillères à café et à soupe. Sachant qu'une cuillère à soupe correspond à 25 g de beurre, combien faut-il de cuillères à soupe pour obtenir une demi-tasse ? Autrement dit, la préparation d'un dessert évaluée à environ 30 minutes, en requiert bien davantage quand ce ne sont pas les lumières d'un ingénieur de mari qui n'a pas du tout le bec sucré et compte habituellement en tonnes.

Ma mère me l'avait bien dit : « Tu ne feras jamais une bonne femme d'intérieur ! » et encore moins, aurait-elle dû ajouter, « une tête à maths ».

Au commencement, il y avait les Amérindiens

Histoire du Canada, cours supérieur, 4ᵉ édition, 1945, chapitre préliminaire :

« *Le continent américain n'était pas inhabité quand les Européens vinrent le coloniser. Du nord au sud de l'Amérique, on rencontrait des peuplades sauvages…*

Au Canada même, on pouvait distinguer cinq groupes principaux : 1° les Esquimaux, 2° les Athapascans ou Dénés, 3° la famille huronne iroquoise, 4° la grande famille algonquine : Micmacs, Etchemins, Abénaquis, Montagnais, Algonquins proprement dits, Outaouais, 5° les Sioux… Les nations sauvages du Canada n'étaient qu'exceptionnellement nomades. Elles se fixaient d'ordinaire sur un point du territoire où elles se bâtissaient des demeures permanentes et dont elles exploitaient le sol…

Au moral, le sauvage possédait certaines qualités. Ainsi, il endurait volontiers les privations, le froid, la faim ; devant la mort, il manifestait souvent un courage digne d'admiration. Il exerçait l'hospitalité de la manière la plus cordiale. Il se montrait sensible aux misères et aux souffrances de ses voisins ; il leur offrait volontiers le secours de ses propres biens. Mais… suit un paragraphe de défauts.

Depuis, les choses ont changé. Cela paraît presque provocant que des étrangers rappellent ces leçons (qui se voulaient progressistes). Loin des Parisiens de Saint-Zénon l'idée de polémiquer, de blesser quiconque ou de s'immiscer dans l'histoire et la politique d'une nation qui les accueille à bras ouverts. Il n'empêche que, le voisinage avec des autochtones est une expérience impressionnante des Français en Lanaudière.

Ceux qu'en France nous appelons encore les « Indiens » sont rares dans les rues de Paris. Encore que… Dans les couloirs du métro, plusieurs groupes « d'Indiens » d'Amérique latine égaient nos déplacements de leurs mélodies à la flûte des Andes. Le jour de la Fête de la musique, le 21 juin, des ensembles venus des États-Unis, vêtus de peaux de bêtes à franges et coiffés de somptueuses coiffures de plumes, font retentir leurs tambours sur les places parisiennes et chantent dans une langue aux sonorités étranges que nul ne comprend, mais que tout le monde apprécie. Folklore qui s'ajoute aux westerns de notre enfance qui montraient des caravanes de braves colons attaquées par de monstrueux Sioux ou des Cheyennes fiers d'exhiber leurs scalps ou encore, à l'inverse, de vilains cow-boys envahissants les plaines en massacrant bisons et gentils Indiens contraints à vivre dans la misère. À cette époque, la Parisienne de Saint-Zénon voyait le monde en noir et blanc. L'âge venant, elle a découvert le gris puis, vieillissant encore, toute une gamme de nuances de gris !

Le premier échange entre les Parisiens de Saint-Zénon et une femme Atikamek s'est déroulé dans une laverie automatique de Saint-Michel-des-Saints. Obligés d'attendre que leur crasse se détache de leurs vêtements, ils ont proposé à une dame venue de Manawan, hésitante devant la hauteur de son tas de linge juste sorti des sécheuses, de l'aider à plier les draps. La conversation a porté sur la route St Michel/Manawan, ouverte depuis 1973, et ses dangers lors des croisements avec les énormes camions de bois qui ne peuvent se tasser. D'autres entrevues, épisodiques ont eu pour cadre le supermarché, faites essentiellement de « excusez-moi », de « je vous en prie » devant les caisses ou de regards silencieux. Un été, des amis français, curieux de visiter une réserve nous ont convaincus de nous rendre jusqu'à Manawan. Nous avons fait le tour du village, remarqué le nombre important de jeunes enfants, déjeuné dans un bistrot, assisté à une répétition de danse traditionnelle par un groupe de jeunes et convaincu une grand-mère qui, devant sa porte, sculptait un berceau en écorce de bouleau pour un prochain pow-wow de nous le vendre. Il nous en est resté un goût amer de voyeurs, gênés de n'avoir pu entrer vraiment en communication et juste capables d'acheter un souvenir. Le site Internet de la communauté nous en a appris davantage sur l'histoire, l'économie, l'organisation politique et la culture de la nation attikamek.

Et les Parisiens de Saint-Zénon se sont rangés à la sagesse des autochtones et des gens de la place qui respectent la distance entre les deux peuples.

Puis, le curé de Saint-Zénon et Saint-Michel a été désigné pour desservir aussi Manawan. De temps à autre, il a parlé des deuils dans la communauté, des mariages, expliqué le rôle des grand-mères, raconté la cérémonie qui a suivi l'élection d'Eva Ottawa, originaire de Manawan, comme grande chef et présidente de sa nation. L'intérêt des Parisiens en a été aiguisé. Jusqu'au dimanche où le prêtre les a invités à participer à la messe à la réserve avec un couple du village. L'église, au bord du lac Metabeskega, est accueillante, aux murs entièrement couverts d'écorce de bouleau sculptée d'animaux, soulignant le lien entre la nature et les personnes, entre tous les vivants. La langue attikamek, absconse aux oreilles francophones, est parsemée de K et de W. Mais on ne ressort pas tout à fait intact d'une église où l'on a prononcé ensemble qui «Notawinan», qui «Notre Père», affirmant par là une fraternité.

C'était une autre rencontre des Parisiens de Saint-Zénon en Lanaudière, tout simplement.

L'inattendu invité de l'Halloween

Voilà une coutume bien plus fêtée de votre côté de l'Atlantique que du nôtre, exception faite de l'Irlande. Et pourtant!

Il semble bien que cette tradition ait pour origine l'importante fête celtique «d'Oíche Shamhna» ou «Samain», la nuit de la fin de l'été. En ce temps d'avant les Romains, la fin de l'été, qui correspondrait aujourd'hui à la fin octobre, marquait aussi la fin de l'année. Les Celtes d'Irlande et de Gaule remerciaient le dieu du soleil pour l'année écoulée et observaient un rite destiné à s'assurer une année suivante heureuse. Les druides étouffaient l'ancien feu sacré puis en allumaient un nouveau qui brûlerait l'année entière pour protéger chacun des dangers et éloigner les esprits diaboliques que les villageois épouvantaient davantage en revêtant des costumes cauchemardesques. C'était aussi le temps, pour le dieu de la mort, de révéler leur sort à tous ceux qui, pendant l'année écoulée, avaient péri et visitaient donc une dernière fois leurs parents avant de disparaître.

Le christianisme a peu à peu supplanté la religion des druides et, comme beaucoup d'autres fêtes, Samain a été évangélisée et intégrée, dès l'époque médiévale, au calendrier chrétien avec la Toussaint, la fête de tous les saints le 1er novembre et le jour des morts le 2. Intégrée ou presque, car Samain ne s'est pas effacé des mémoires celtes, en particulier irlandaises qui ont continué à fêter à leur manière la nuit du 31 octobre au 1er novembre. Et, lorsqu'à la suite de la grande famine du XIXe siècle, les Irlandais ont émigré vers le Nouveau Monde, ils y ont apporté, dans leurs bagages, la nuit de Samain, devenue en anglais *All Hallow Even*, le soir de tous les saints (*hallow* est une forme ancienne de *holy* et *even* le même mot que *evening*).

Les Parisiens-Zénoniens ont été initiés à l'Halloween à Québec, par des amis qui avaient installé dans leur vestibule une profonde cuvette bourrée de sucreries. Plusieurs dizaines d'enfants déguisés en squelettes, vampires, sorciers, chats noirs ou autres personnages plus ou moins effrayants, avaient frappé à la porte en répétant à chaque intrusion : «des bonbons ou une malédiction».

En octobre, quantité de maisons zénoniennes, d'habitude tout à fait soignées, sont envahies de toiles d'araignées. Les galeries croulent sous les citrouilles sculptées ou plastifiées. Et bien des pelouses sont semées de pierres tombales en caoutchouc ou de cercueils laissant entrevoir un squelette phosphorescent. Pour les Parisiens, ces décorations, qui ne sont pas toujours du meilleur goût, reflètent une capacité à se défouler en liant noirceurs de la vie et humour qu'eux-mêmes et leurs compatriotes, se prenant trop au sérieux, sont bien incapables d'atteindre.

À Paris et dans quelques régions françaises, commerçants et restaurateurs ont tenté de «lancer» Halloween sur le marché pour en tirer quelques profits. D'une part, un grand nombre de citoyens, faisant fi de l'histoire, se sont élevés contre l'américanisation croissante du pays. D'autre part, des chrétiens traditionalistes ont aussitôt crié haro sur le baudet, craignant une concurrence avec la Toussaint et rappelant qu'Halloween étant une fête tout ce qu'il y a de plus païenne. Il convenait à un vieux peuple sérieux de ne pas tout mélanger. Au bout de cinq ans de vogue passagère, Halloween a presque disparu.

Mais à vous fréquenter depuis des années, les Parisiens-Zénoniens ont, comme vous, décidé de faire feu de toute

fête et de profiter joyeusement de chaque réjouissance du calendrier.

Cette Halloween-là, la Parisienne a donc acheté ces épouvantables bonbons en forme de tête de sorcière qui laissent des traînées noires sur la langue et posé une grosse citrouille souriante sur le seuil de sa maison. C'est d'ailleurs à cette occasion qu'elle a fait connaissance avec le légendaire « Jack à la lanterne », censé errer pour l'éternité entre l'enfer et le paradis en s'éclairant de braises posées dans un navet. Mais comme une grosse citrouille est plus facile à sculpter qu'un petit navet, elle a pris le pas (de la porte) sur la pauvre racine abandonnée aux canards.

Voilà donc la Parisienne-Zénonienne attendant le passage des quelques enfants du rang dont les maisons sont si éloignées qu'ils ne se déplacent qu'en auto. Aucun bruit de moteur. Pourtant, quelqu'un frappe à la porte, des coups répétés et réguliers. Affichant son visage le plus avenant, une poignée de ses délicates friandises à la main, la Parisienne ouvre grand la porte. D'enfant, il n'y a pas. Mais un chevreuil aussi surpris qu'elle. Il se nourrissait des graines tombées de la mangeoire à oiseaux sur le pas de la porte et ses bois cognaient contre le battant.

Les enfants sont passés plus tard, qui en gangsters, qui en zombis, en momies ou en diables et les horribles bonbons ont vite disparu.

N'empêche, voilà la vraie raison pour laquelle les Parisiens ne peuvent pas fêter Halloween : ils manquent de chevreuils !

La cabane à sucre

Qu'y a-t-il de plus québécois qu'une cabane à sucre ?
(Si ce n'est la poutine que les Parisiens-Zénoniens préfèrent
oublier.)

En Lanaudière, les cabanes à sucre sont nombreuses et
proposent des repas traditionnels, de la tire sur la neige,
des balades en traîneaux, des chemins d'interprétation et
vente de produits de l'érable, sur fond de musique voire de
danse. Tout semble si bien organisé pour les citadins et les
touristes en goguette que les Parisiens n'ont jamais osé y
mettre leurs pieds d'étrangers, ne voulant passer ni pour
de simples visiteurs européens (quand même !), ni pour des
urbains atteints de vague à l'âme à la recherche de racines
rurales.

Mais au fond de leur rang, en haut sur la montagne, se
cache une petite cabane familiale dont le sirop leur adoucit
chaque année les papilles. Le tout est de l'atteindre. L'été,
c'est un lieu de pittoresque promenade d'où le village, tout
en bas, paraît minuscule. En avril, quand les premières
chaleurs du printemps font couler et les érables et les
sentiers, c'est une aventure audacieuse ! La neige est
encore épaisse, mais si molle qu'on s'y enfonce jusqu'aux
genoux. La terre, où elle est dégagée, se transforme en une
gadoue qui colle tant aux pattes qu'il faut lever les cuisses
jusqu'à la taille à chaque pas. Quant aux roches, l'air de
rien, elles sont encore couvertes d'une mince couche de
glace bien glissante. À pied, la cabane est inatteignable. En
quatre-roues, c'est un sport probablement comique pour
qui en serait spectateur, mais de très haut niveau pour le
chauffeur et quelque peu éprouvant pour les passagers.

Qu'à cela ne tienne, découvrir une vraie cabane à sucre au temps du sirop vaut bien quelques bourbiers et quelques vêtements crottés, surtout pour des Parisiens!

Foin des becs et des chaudières, ce n'est pas parce qu'on est petit qu'on n'est pas tuyauté. L'érablière s'étale sur une pente. Un réseau de tuyaux transporte la sève des érables jusqu'à un abri en contrebas qui contient deux cuves réceptionnant l'eau d'érable. Puis celle-ci coule par un gros tube jusqu'à la cabane elle-même, située plus bas encore, et emplit la grosse chaudière chauffée à blanc où elle s'évapore jusqu'à ce qu'il ne reste que le sirop.

En attendant, il faut se reconstituer un peu : un peu d'eau d'érable bouillante dans un fond de gin, ça vous réveille un Parisien! Car il faut boire quand on reste des heures dans la vapeur. Et manger : omelette au sirop, bines au lard et au sirop, crêpes au sirop, «Marie fendues» au sirop et j'en oublie. Car dès que la température est atteinte, dès que la densité du liquide est à sa juste mesure, il reste à ouvrir les vannes pour remplir les énormes bidons, types bidons de lait, préalablement équipés d'un filtre de tissu destiné à garder les impuretés. Et que croyez-vous qu'ils font les Parisiens, imitant en cela leurs amis de la place? Équipés d'une cuillère à soupe, ils frottent le filtre pour apprécier les premières gouttes du nouveau sirop avant qu'il soit mis en boîtes. (Pas les Parisiens, le sirop!) Après le repas, ils étaient encore en manque de sucre!

Bonjour les résultats des analyses prescrites par le médecin! C'est juré, désormais, celles-ci seront exécutées avant la visite à la cabane à sucre, plus jamais après. Quoique le menu est on ne peut plus bio!

On raconte qu'on doit le sucre d'érable à un chef Iroquois qui, un jour de presse sans doute, n'avait rien trouvé de mieux pour ranger sa hache que de la planter dans un érable. Le lendemain, il la récupère et part à la chasse. Tout au long de la journée, de l'eau s'écoule de l'entaille, emplissant peu à peu un récipient de bouleau, abandonné aussi au pied de l'arbre par cet autochtone tête en l'air, mais entêté. Car au retour de la chasse, l'homme vient replanter sa hache dans le même arbre et apporte le récipient à son épouse, pensant qu'il était plein d'eau de pluie. Celle-ci s'en sert pour cuire la viande sauvage toute fraîche et le goût du ragoût est si doux que… Amérindiens, puis colons ont transformé la découverte en tradition.

Grand merci à eux, c'est une coutume à ne pas perdre, foi de Parisiens-Zénoniens.

À poil, le blé

Nous l'appelons maïs, ce qui signifie «qui maintient en vie» dans la langue des autochtones de Haïti, les Arawaks, qui, les premiers sans doute, l'ont cultivé.

Vous le nommez blé d'Inde à cause de Christophe Colomb qui, abordant le continent américain, a cru débarquer aux Indes et découvrant cette culture des Amérindiens, l'a justement incluse dans le groupe des céréales, le «bled», au côté du froment, du seigle ou du sarrasin.

Lorsque Jacques Cartier et ses hommes ont découvert Hochelaga, à l'automne 1534, ils l'ont décrite comme une importante cité clôturée de bois et entourée de «terres labourées où le blé d'Inde est cultivé à profusion», puis ils ont dégusté des pains de maïs cuits entre des pierres brûlantes avant de la baptiser Montréal. Quant à Champlain, il a agrémenté sa carte de 1612 d'une femme autochtone tenant en main un épi de blé d'Inde. Et l'une des planches qui illustrent ses récits de voyages datés de 1619 représente une Huronne, un enfant dans les bras et un épi de maïs dans la main droite.

Voilà pour les célébrités.

Et nous? Vers la mi-août, quand le fond de l'air devient plus vif à Saint-Zénon, revient le temps des épluchettes de blé d'Inde qui rassemblent telle ou telle communauté du village au bord d'un lac le plus souvent et autour d'une profonde bassine d'eau toujours.

Il n'y a pas à éplucher longtemps l'affaire; qu'elle soit politique, associative, corporative, paroissiale, familiale, l'épluchette est populaire. C'est un plaisir aussi innocent qu'inénarrable d'arracher les feuilles et la barbe des épis jusqu'au dernier poil en parlant de tout et de rien, de les plonger dans l'eau bouillante puis de les déguster en se graissant les mains, le menton, le nez, les moustaches voire les cheveux. Le tout sans se hasarder loin d'une caisse de bières. Quand les Parisiens à Saint-Zénon, tout aussi étonnés que Jacques Cartier à Hochelaga, croquent dans les grains frais cueillis, salés et tartinés de beurre dégoulinant, ils s'en lèchent les babines. Mais, lorsqu'une fois débarbouillés, ils interrogent les habitants sur l'origine de cette tradition, ils passent pour d'invétérés intellos fouineurs. Quelle importance, « c'est une coutume. On l'a toujours fait, nos arrières grands-parents, nos grands-parents, nos parents, nous, nos enfants, nos petits-enfants! À ce qui paraît, vous, les Français, vous donnez ça aux cochons?»

C'est vrai! Les Français de France engraissaient porcs et volailles au maïs, fourrager celui-là, avant l'ère des moulées aux hormones. Et aujourd'hui encore, des séchoirs à maïs nombreux et bien remplis s'égrènent en lisière des champs dans de nombreuses régions. Les Parisiens de Saint-Zénon, comme d'autres Français de France, ont une fois ou l'autre grillé quelques épis de maïs doux, à la façon des Grecs qui s'en délectent, quand leurs enfants étaient plus jeunes. Et bien des cuisinières utilisent de la farine de maïs pour épaissir leurs sauces.

À en croire historiens et anthropologues québécois, depuis les débuts de la colonisation, la récolte du maïs s'est accompagnée de réjouissances auxquelles on a donné le nom d'épluchette, parce qu'il est nécessaire d'éplucher les épis pour consommer leurs grains.

Les Parisiens-Zénoniens n'hésitent pas à appeler leurs copains en renfort lorsqu'il s'agit de déménager ou de donner un coup de peinture. Ils n'ont donc aucun mal à imaginer qu'après les corvées de durs labeurs «à l'huile de bras» au cours desquelles chaque famille donnait probablement un coup de main à sa voisine, «la gagne» des colons d'un rang éprouvait un furieux désir d'organiser «un party pour jaser tranquillement et giguer en ligne», une fois les provisions pour l'hiver engrangées. Il paraît même que l'épluchette est devenue coquine lorsque, dans la pile d'épis des garçons comme dans celle des filles, les aînés cachaient un maïs rouge. Les deux jeunes qui les découvraient avaient le droit de s'embrasser et d'ouvrir le bal.

Comment exporter une telle richesse culturelle sans la dénaturer?

Car, à la prochaine occasion, les Parisiens-Zénoniens organiseront une épluchette de blé d'Inde dans leur banlieue. Deux obstacles subsistent: trouver assez d'épis consommables et le titre de l'invitation. Épluchette? Le mot n'est pas usité en France et il a la même consonance qu'épluchure. Pour une première, si les amis imaginent qu'on va leur demander de peler des légumes, ils s'abstiendront de toute participation. Décorticage? Le terme est réservé aux châtaignes grillées. Puisqu'il s'agit d'ôter les feuilles, le terme le plus juste et le plus séduisant pour des Français de France est à coup sûr «effeuillage». D'autant qu'il intègre le petit côté coquin, car nous avons pour habitude d'effeuiller… la marguerite: je t'aime, un peu, beaucoup, passionnément…

Le petit pont tient bon

À Paris, sous le pont Mirabeau coule la Seine.

À Saint-Zénon, sous le pont de bois du rang des Parisiens coule la rivière du Sauvage.

Vers la fin de l'hiver, il arrive à la Seine d'atteindre la ceinture du zouave du pont de l'Alma, une statue qui sert de repère pour prévenir les inondations des caves riveraines et des quais transformés en voies rapides.

À la fonte des neiges, la rivière du Sauvage s'enfle au point qu'un bateau puisse y naviguer jusqu'au lac Kaiagamac.

À Paris, en toutes saisons, sous les voûtes des vieux ponts de pierre, «logent» les SDF, les sans domicile fixe, qu'autrefois on nommait clochards.

À Saint-Zénon, au pied du pont de bois, l'été, des pêcheurs traquent les petits poissons qui leur serviront d'appâts pour en attraper de plus gros, ailleurs.

À Paris, sur les ponts de tous âges s'entassent autos et autobus, motos, camionnettes et camions coincés dans le tohu-bohu des embouteillages, vélos et piétons. Des tonnes et des tonnes pèsent sur leur structure et les habitants de Paris en ont tiré une expression qui résume leur impression : «solide comme le Pont Neuf» qui, comme son nom ne l'indique pas, est le plus vieux pont de la capitale.

À Saint-Zénon, il y a quelque temps, des panneaux ont surgi qui imposent des limitations et des restrictions au passage du petit pont. C'est la loi. Et la loi est respectable, qui résulte de l'effondrement d'un pont, coûteux en vies, près de Montréal. Désormais, les cyclistes doivent «désenfourcher» leur vélo le temps de traverser. Les camions, interdits, sont priés de trouver un autre itinéraire.

Mais d'autres itinéraires, il n'en existe pas!

Comme toute rivière, celle du Sauvage a creusé son lit et le pont de bois est en contrebas, entre deux côtes. Impensable autant qu'impossible pour la Parisienne à vélo de se priver de l'élan de la descente d'un bord pour grimper la pente d'en face, ses mollets et ses poumons n'y suffiraient pas. Et elle est loin d'être la seule à tricher un peu, en veillant quand même à ce que ses pneus ne s'enfoncent pas entre deux planches disjointes.

Invraisemblable de couper la route aux camions de vidanges ou de livraison, au bus de ramassage scolaire, aux dépanneuses, aux pelles mécaniques indispensables aux travaux, aux machines agricoles et autres gros gabarits. Jour après jour, des véhicules hors limite franchissent le pont et l'on entend vibrer son tablier pendant que l'eau est bien la seule à frissonner. Cédera? Cédera pas? Le pont semble se moquer de la logique mathématique.

Dans ce rang de Saint-Zénon, chacun tient au petit pont de bois qui passe la rivière tout près d'une maison. Qu'Yves Duteil ne m'en veuille pas, personne ne serait fier de le refaire en pierre, même recouvert de rondins de bois vert, pour rendre à la rivière son vieil air d'autrefois. Comme autrefois, en revanche, il est probable que chacun serait prêt à « se mouiller » pour le consolider.

Faire de petites entorses à la loi, tricher juste un peu, sans pour autant frauder ni vraiment fauter, est un jeu de débrouillardise qui a la faveur des Français de France. À vrai dire, les Parisiens de Saint-Zénon sont rassurés par le comportement des Zénoniens. Ils ressentent comme une fraternité joyeuse à refuser de faire un obstacle d'un pont qui relie.

J'oubliais.

Le Parisien de Saint-Zénon est ingénieur aux Ponts et Chaussées. Piles et tabliers, ancrages, béton précontraint, torons et appareils d'appui antisismiques… Son travail consiste à inspecter les ponts !

La criée à ne pas manquer

Saint-Zénon a été fondé en 1870 par l'abbé Provost. C'était au temps où l'Église, confrontée à une émigration massive des Canadiens français à la recherche d'emplois, incitait des colons à s'installer «dans les Hauts» afin que survive une population catholique au pays. La communauté a d'abord construit une première chapelle. Puis, en 1886, elle a bâti un presbytère, toujours debout, où logeaient «et le curé au premier et le Bon Dieu au deuxième.» L'église, édifiée de 1899 à 1901, n'a guère subi de transformation depuis. En dépit de la sécularisation des dernières décennies du XXe siècle, elle reste un symbole que chaque villageois s'approprie quelle que soit son histoire religieuse personnelle.

Alors, pour entretenir le bâtiment, tout le monde met la main à la pâte. En juillet de chaque année, le «Festival des hauteurs», deux fins de semaine de suite, permet d'engranger assez de dollars pour repeindre la nef une année, poser un nouveau plancher une autre, rénover la toiture ou le système de chauffage, restaurer le vieil autel ou la grosse cloche.

Pour les Parisiens de Saint-Zénon, c'est une belle histoire et un grand point d'interrogation. À Paris et dans ses banlieues, ce genre de manifestation paroissiale s'appelle le plus souvent «vente de charité», une dénomination qui fait fuir quiconque n'est ni membre du clergé, ni grenouille de bénitier, ni profondément engagé dans la vie de l'Église.

À Saint-Zénon, il y a le kiosque à hotdogs que les Parisiens fréquentent assidûment comme nombre d'habitants ou de passants, puisqu'il se dresse au bord de la grande route. Ils y ont découvert l'indispensable relish verte sucrée qui, à Paris,

ne se vend que dans de rares épiceries fines à un nombre
d'euros qu'il vaut mieux cacher aux fabricants québécois.
Il y a le bazar. Pour quelques dollars, les Parisiens-
Zénoniens y ont monté leur vaisselle, incluant machine à
café, grille-pain, tasses à café, etc. C'est là aussi qu'ils ont
acquis à petits prix chaise berçante, combinaisons de ski,
blousons de cuir et de tissu polaire, tuques, couvertures, et
joyeusement abandonné, à qui voudrait l'acheter, le mobilier
resté dans leur chalet qui leur déplaisait!

Le summum, le top du top du festival, comme disent
les Français, est la criée, alimentée d'objets hétéroclites
apportés par les Zénoniens. Tout le monde s'y retrouve.
Le rôle du commissaire priseur est joué par un agriculteur
endimanché au bagout remarquable qui tente de faire
monter les enchères le plus haut possible. Et ça marche. Un
chaton, une miche de pain ou une poignée de rhubarbe, un
coussin, des disques, une chaise d'enfant peuvent atteindre
des sommes astronomiques sans toutefois jamais arriver
au quart du tiers du gâteau du curé que les Parisiens n'ont
encore jamais goûté, largués qu'ils sont par l'accélération
des offres. Leur spécialité à eux, ce sont les vieilleries. Un
ustensile usé, un objet totalement démodé, une «patente»
inutile et les voilà les bras levés pour enchérir et surenchérir,
y compris entre eux deux, jusqu'à l'obtenir.

Résultat?

La salle de séjour des Parisiens-Zénoniens s'est
encombrée d'un fauteuil cassé impossible à décaper, d'un
siège de cordonnier, d'une baratte et leur cuisine d'un pot
à cassonade cassé et d'un immonde presse à fabriquer
des saucisses. Mais la vieille église de bois, tout en haut
du village, paraît neuve.

Faites vos jeux

À Paris, dès que l'asphalte laisse place à un carré de terre, des équipes de boulistes s'y installent. Des terrains de boules sont aménagés dans les parcs et les jardins. Chaque dimanche de beau temps, en forêt, des joueurs de boules occupent les allées sablonneuses qui jouxtent les aires de stationnement. Et lorsque Paris ouvre sa plage, recouvrant de sable les quais de la Seine, les queues s'allongent devant le boulodrome. Les Français en général, les Parisiens comme les autres, aiment à jouer aux boules, un jeu qui remonte à la plus haute Antiquité.

Deux traditions dominent : la lyonnaise et la pétanque.

La « lyonnaise » ainsi nommée, car la première société officielle, le « Clos Jouve », fut fondée dans la région de Lyon en 1850. Le jeu consiste à placer le maximum de boules le plus près possible d'une bille de buis, le but. Comme le terrain de jeu est long – au moins 15 m – il est nécessaire de courir avant de lancer sa boule pour lui donner de la vitesse.

La pétanque symbolise le Midi de la France, en particulier la Provence (sud-est) et se joue « avé l'assent » ou sans. Le but est une boule de bois plus petite, le cochonnet et le terrain n'est pas apprêté. Le jeu aurait été baptisé lors d'un concours dans la petite ville de La Ciotat vers 1910. Il vient de l'occitan *pè* « pied » et *tanca* « pieu ». On raconte que, ce jour-là, un champion, Jules Lenoir, perclus de rhumatismes qui l'auraient empêché de participer, a tracé un rond par terre et, les pieds tanqués à l'intérieur, c'est-à-dire joints et immobiles comme des pieux ancrés dans le sol, a envoyé le cochonnet à 5 ou 6 m puis lancé ses boules. La pétanque se pratique sur un terrain court. Les joueurs lancent leurs boules sans élan, les pieds joints.

Lyonnaise ou pétanque, pour marquer des points il faut approcher les boules au plus près du but (du cochonnet). Et la tactique combine «pointer», jeter la boule tout contre le but-cochonnet et «tirer», lancer sa boule pour déloger une boule adverse. Toute compétition enclenchée suscite des passions, la tension est palpable, la concentration plus forte qu'au travail. Les joueurs mesurent l'espacement des boules au millimètre près, s'engueulent puis se réconcilient autour d'un apéro en fixant le prochain rendez-vous. Et ce n'est pas une galéjade!

Quand les Parisiens sont arrivés à Saint-Zénon, ils ont repéré, à l'arrière de la salle municipale, un boulodrome, mais n'ont jamais vu personne l'investir. En revanche, ils se sont longtemps interrogés sur la raison d'être de piquets plantés juste à côté tout comme à la plage municipale, sur des terrains de camping ou dans les cours, parfois entourés d'une boîte de bois. Jusqu'au jour où, percevant de loin un bruit de métaux entrechoqués suivi de cris, ils se sont approchés et ont entrevu, estomaqués, des fers à cheval fendre l'air. Ils avaient découvert le jeu de fers. Ils ont assisté au tournoi. Deux équipes s'affrontent. Chaque joueur dispose de deux fers. Il empoigne un fer, le soulève, canalise son énergie et avec une remarquable rapidité dans le geste, le lance de façon à encercler le piquet. Réussir l'encerclement donne trois points, mais si le fer ne tombe pas trop loin du piquet, le joueur marque quand même un point. L'équipe gagnante est celle qui atteint la première le nombre de points décidés pour la partie. Simple? En réalité, le décompte des points est abscons pour tout joueur inhabituel, ce qui n'a guère troublé les Parisiens-Zénoniens à l'essai dont le score a atteint… zéro. Ils se sont juré de travailler leur poigne pour que l'écart entre le piquet et l'impact du fer prête moins au ridicule. Personne n'a pu les informer précisément sur l'origine du lancer de fers, mais, toutes cervelles confondues, nous avons conclu qu'elle ne peut remonter… qu'à l'invention du fer à cheval. Tout aussi certain, c'est le Duc de Wellington qui a donné au jeu ses lettres de noblesse lors de la guerre d'indépendance Américaine (1775-1782), en prononçant une phrase gravée dans la mémoire de tout compétiteur sérieux : « La bataille de la place du village fut remportée grâce aux lanceurs de fers à cheval. » Comprenne qui pourra !

Aujourd'hui, on ne joue plus avec de simples fers à cheval encore qu'ils soient pendus dans toutes les remises, peut être juste parce qu'ils sont réputés porter bonheur à cause de leur forme en C, comme Christ. S'il existe un règlement strict, des distances et des poids à respecter, à Saint-Zénon, ceux qui croisent le fer ne sont pas des malades du conformisme, même si la fièvre monte, même si leur enthousiasme est contagieux. Leurs joutes, comme celles des boulistes, sont d'abord des occasions de détente entre parents, voisins, copains et même des Parisiens. Au goût de ceux-ci, il y manque cependant une condition sanitaire : le pastis. L'erreur est humaine !

Hi Han

Il est trapu, arbore de longues oreilles et il brait. Il est
gourmand, attentif, patient, courageux et sociable, mais
dangereux s'il est mal élevé ou effrayé. Et s'il est une
grande différence entre les Français de France et ceux du
Canada, c'est que chez nous, on le trouve partout et chez
vous presque pas du tout. Pourtant, l'imagerie populaire lui
a gardé une large place. Il y a celui de la crèche qui a servi
de monture à Marie enceinte et réchauffe de son souffle le
bébé Jésus. Il y a ce bonnet dont les instituteurs affublaient
la tête des mauvais élèves alors que les grandes oreilles
auraient dû symboliser l'écoute.

C'est de l'âne qu'il s'agit.

Connus dès la préhistoire en Afrique orientale, domestiqués
5000 ans avant J.-C. en Mésopotamie, utilisés tout autour
de la mer Méditerranée, les ânes se sont adaptés à tant de
climats que Gaulois puis Français, comme de nombreux
peuples, n'ont plus pu s'en passer. Les moines s'en sont
servi pour défricher, les pêcheurs pour tirer leurs filets.
Ils ont secondé les fermiers pour labourer, préserver les
troupeaux des renards et des loups et tirer les carrioles les
jours de fête ou de marché. Aujourd'hui, en France, des
ânes débroussaillent le maquis méditerranéen pour prévenir
les incendies, broutent les pelouses de parcs écologiques
en remplacement des tondeuses mécaniques et participent
à la thérapie des enfants inadaptés ou handicapés. Le lait
d'ânesse entre dans quantité de produits de beauté et
de savons, héritage de la reine d'Égypte Cléopâtre qui se
baignait dans le lait d'ânesse pour sauvegarder la pureté de
sa peau. Surtout, nombre de bourricots, loués, arpentent

les sentiers de randonnée. Bâtés, ils portent les sacs des marcheurs, sellés (munis d'une selle), les enfants fatigués.

La Parisienne-Zénonienne, dès son plus jeune âge, rêvait de devenir bourricotière. Ses parents, plus sages, ont toujours répondu à son désir par un impératif «Quand tu seras grande!» Toujours en manque la soixantaine venue, elle a décidé qu'elle était assez grande et s'est mise en quête d'un âne qui deviendrait son compagnon à Saint-Zénon.

«Haro sur le baudet» ont crié les animaux malades de la peste de Jean de La Fontaine. «À quoi ça sert?» ont demandé les raisonnables Zénoniens.

Les premiers colons français, immigrant au Québec, s'ils n'ont pas amené leurs épouses, ont transporté leurs ânes. Beaucoup sont morts de froid. Quelques-uns ont survécu. Ceux que les Parisiens ont introduits à Saint-Zénon sont-ils leurs descendants? On raconte que certains se sont enfuis et sont redevenus sauvages. Chassés par les trappeurs, traqués par les animaux de la forêt, ils auraient peu à peu migré vers le Nord et, pour des raisons inexpliquées sur lesquelles travaillent les chercheurs de l'Institut vétérinaire de Montréal, sont devenus blancs. Ce sont les «Grands Blancs du Québec».

En France, les haras nationaux ont pris le contrôle des races. Ils ont recensé le Grand Noir du Berry, l'âne du Cotentin, le Normand, l'âne de Provence, le Bourbonnais, le Corse, l'âne des Pyrénées, le Gascon, le catalan et le Baudet du Poitou, le chouchou aux longs poils en broussaille.

Les ânesses de la Parisienne sont sans pedigree, mais pas sans histoire.

La plus jeune est une zénonienne pur sucre, née, la coquine, en l'absence de sa maîtresse, chez le fermier qui s'en charge quand celle-ci est à Paris.

Sa mère vient de Saint Didace, une Lanaudoise elle aussi. Mais là n'est pas le plus attendrissant.

Les Zénoniens ont ému les Parisiens. Un voisin a construit une écurie puis aménagé son camion et roulé jusqu'au Pontiac, à l'ouest de l'Outaouais pour aller y chercher une ânesse. Un autre a aidé les Parisiens à bâtir un enclos solide. Le coiffeur a cherché des éleveurs vendeurs sur Internet. Plusieurs ont ouvert leur cour ou leur pré pour que l'éleveuse néophyte y cueille onagre, trèfles, vesse ou fléole, saines nourritures asines. Et ils sont nombreux, les villageois, à apporter qui ses épluchures de légumes, qui des feuilles de maïs, des carottes ou des pommes. Certains visitent les ânes des Parisiens, car ils n'en avaient jamais vu ailleurs que dans des livres. Beaucoup, accompagnés d'enfants, les photographient au côté de ces bêtes étrangères, histoire d'accréditer leur étrange rencontre.

Les Parisiens-Zénoniens, eux, tentent, en dépit de leurs racines citadines, d'éduquer leurs ânesses…

Si vous rencontrez, l'hiver, un âne trottiner cahin-caha en tirant un vieux traîneau à chiens, c'est qu'ils auront réussi !

Table des matières

Du même auteur

Rêver les yeux ouverts
avec Alexis Grüss du Cirque à l'ancienne
DDB, 2002

Parler de Dieu avec les enfants
du XXIème *siècle*
Bayard, 2004

Vivre le grand âge de nos parents
en collaboration avec Anne Belot
Albin Michel, 2004

La foi des chrétiens expliquée à tous
Novalis, 2007